T0303513

OSHO

Silencio
El mensaje de tu ser

Traducción del inglés al castellano de Esperanza Moriones

editorial Kairós

Título original: SILENCE, THE MESSAGE OF YOUR BEING, by Osho

© 1975, 2015 OSHO International Foundation, Switzerland.
www.osho.com/copyrights
All rights reserved.
OSHO® es una marca registrada de Osho International Foundation
www.osho.com/trademarks

Publicado originalmente en 1975 en hindi como *Shunya Ki Nav*.
El contenido de este libro está formado por diferentes charlas que
Osho impartió ante una audiencia en vivo. Todas las charlas de Osho
han sido publicadas íntegramente como libros, y también están disponibles las grabaciones de audio. El archivo completo de audio y
de texto puede ser consultado en la Biblioteca en línea en la página
www.osho.com.

© de la edición en castellano:
2017 by Editorial Kairós, S.A.
Numancia 117-121, 08029 Barcelona, España
www.editorialkairos.com

© de la traducción del inglés al castellano: Esperanza Moriones   .
Revisión: Alicia Conde
Fotocomposición: Beluga & Mleka, Córcega, 267, 08008 Barcelona
Diseño cubierta: Katrien Van Steen
Impresión y encuadernación: Fotoletra

Primera edición: Septiembre 2017
Cuarta edición: Febrero 2020
ISBN: 978-84-9988-570-4
Depósito legal: B 16.435-2017

Este libro ha sido impreso con papel certificado FSC, proviene de fuentes
respetuosas con la sociedad y el medio ambiente y cuenta con los
requisitos necesarios para ser considerado un «libro amigo de los bosques».

Sumario

Prólogo

La existencia solo se puede conocer por medio del silencio absoluto. Sin embargo, no se trata de un silencio muerto, no es como el silencio de un cementerio, sino como el de un jardín donde se oye el canto de los pájaros y el zumbido de las abejas, donde brotan las flores y todo está vivo.

El silencio que se conoce a través de la meditación, a través de la agnosia, es un silencio vivo. Está lleno de canciones, de música, de melodía, de felicidad, de amor…, y vacío de pensamientos. En él no están presentes ni el pensamiento del amor, ni el pensamiento de la felicidad ni el pensamiento del silencio, pero sí están presentes la felicidad y el amor. Lo que no está presente es el pensamiento del amor, de hecho, este pensamiento solo está presente cuando el amor está ausente. Solo piensas en la felicidad cuando no eres feliz. Cuando eres realmente feliz, no piensas en la felicidad.

La mente se inventa sustitutos. Como no conoces la felicidad, la mente se inventa una idea de la felicidad. Como no conoces el amor, la mente te da mil definiciones del amor. En cambio, cuando conoces el amor, la mente no puede hacer nada y se tiene que quedar callada. Tu verdadero silencio no está vacío, no es una ausencia de todo, al contrario, está lleno —está repleto, está rebosando, se desborda—, pero está lleno de experiencias reales, no de pensamientos. Y esta es la revelación del secreto.

OSHO
Teología mística

1. La verdadera peregrinación ocurre en tu interior

Hay una antigua historia...

Había un emperador que estaba llegando a los últimos días de su vida. Estaba muy preocupado, pero no era su muerte lo que más le preocupaba, sino sus tres hijos. Quería que uno de ellos heredara el trono, pero no era capaz de decidirse por ninguno. Sabía que lo mejor era darle el poder al que estuviera en paz consigo mismo. ¿Qué prueba podría hacerles para saber cuál de sus tres hijos era el más capacitado para ser su sucesor? En la vida hay ciertas cosas que se pueden medir desde fuera, pero no tenemos un método o una escala para medir las cosas más importantes de la vida. Hay cosas que se pueden juzgar desde fuera, aunque no hay ninguna forma de juzgar las cosas más importantes. ¿Cómo podía elegir, descubrir o decidirse por uno de ellos?

El emperador consultó a un místico y este le sugirió un método. Al día siguiente llamó a sus tres hijos, les dio cien rupias a cada uno y les dijo:

—Cada uno de vosotros tiene un palacio. Os acabo de dar cien rupias y quiero que las utilicéis para llenar vuestros palacios sin que quede un espacio vacío. El que mejor lo haga, heredará el imperio. Será el próximo emperador.

¿Solo con cien rupias? Los palacios de sus hijos eran enormes. El primer príncipe pensó: «¿Cómo voy a llenar todo el palacio solo con cien rupias?». Y decidió apostar su dinero. Pensó que si ganaba tendría suficiente dinero para llenar su palacio, porque era imposible llenarlo con cien rupias. Desgraciadamente, cuando alguien pretende ganar mucho dinero en las apuestas, suele acabar con las manos vacías tras perder lo poco que tenía. Esto es lo que le pasó a este joven; perdió las cien rupias y se volvió a casa. El palacio se quedó como estaba.

El segundo príncipe también pensó que cien rupias no bastaban para llenar el palacio, era imposible llenarlo de diamantes y joyas con tan poco dinero. Solo se le ocurrió una solución: comprar toda la basura que se acumulaba cada día a las afueras de la cuidad y llenar su palacio con ella. De modo que la compró y la amontonó dentro del palacio. El palacio estaba lleno, ¡pero despedía un olor nauseabundo! Se notaba incluso al pasar por delante del edificio.

El tercer príncipe también llenó su palacio y enseguida os describiré cómo lo hizo.

Al llegar el día señalado, el emperador fue con un equipo de jueces a inspeccionar los palacios. El del primer príncipe estaba vacío. El príncipe dijo:

–Te pido perdón. Como no tenía bastante con cien rupias, decidí apostarlas para intentar ganar dinero y poder llenar el palacio. Desgraciadamente, lo he perdido todo y no he podido llenarlo con nada.

Al acercarse al palacio del segundo príncipe, todo el mundo empezó a sentirse tremendamente incómodo. ¡Despedía un olor nauseabundo! Estaba lleno de basura. El príncipe explicó con resignación:

–Era la única opción que tenía, solo he podido comprar basura. ¿Qué más podía comprar con cien rupias?

Finalmente, el emperador y su equipo se dirigieron al palacio del príncipe más joven, el tercero. ¡Los jueces se quedaron sorprendidos, estaban maravillados! El palacio desprendía un aroma delicioso. Era una noche de luna nueva y todo el palacio estaba iluminado con velas.

El emperador le preguntó:

–¿De qué has llenado tu palacio?

Y el príncipe contestó:

–Lo he llenado de luz, de iluminación.

En cada rincón resplandecía una vela. El aire estaba impregnado de una agradable fragancia y había flores colgando de todas las ventanas y de todas las puertas. Todo el palacio estaba inundado de luz y de perfume. Por supuesto, al tercer príncipe fue nombrado el nuevo emperador.

Ser emperadores de nuestra propia vida es todavía más difícil. Solemos apostarnos la vida. Esperamos ganar algo en cada apuesta para disfrutar de nuestra vida. Y ocurre lo que siempre ocurre en las apuestas: empiezas a perder. Al final, el palacio de nuestra vida se queda vacío.

Algunos de nosotros dedicamos nuestra vida a acumular basura; compramos cosas inútiles para llenar nuestro palacio. Acumulamos basura, y con el tiempo comprobamos que no valía para nada y no tenía sentido. Pensamos con cierta lógica que la vida es muy corta y nuestra energía es limitada, y que no lograremos llenar el palacio de nuestra vida con diamantes y joyas. Disponemos de una energía tan limitada que solo conseguimos llenar el palacio de nuestra vida de basura. Empezamos a acumular basura sin darnos cuenta de que el palacio despide un olor que nos impide vivir en él…, es insoportable.

¿Por qué hay tanto caos, tantos problemas y tanta desesperación? La desesperación y el caos no provienen del cielo, de la luna o de las estrellas. Provienen simplemente del palacio que hemos llenado de basura. El caos, la desesperación y la infelicidad proceden de la misma fuente. Es el resultado de tus obras, es tu propia creación, es lo que has conseguido con tu esfuerzo. En nuestro interior residen los primeros dos tipos de príncipe, pero no tenemos sitio para el tercero, que llena su palacio de luz y de perfume.

Os he invitado estos próximos tres días a esta costa alejada para hablaros de cómo podéis iluminar vuestro palacio, cómo podéis decorarlo con flores y salpicarlo de perfume. Si lo consigues, quizá puedas encontrar tu tesoro interno. ¿Quién sabe? Puede ser que solo hayamos venido a la Tierra para esto. ¿Quién sabe? Quizá la vida misma sea un examen, una prueba. ¿Cómo podemos saber quién va a pasar el examen de la vida y quién no?

Hay un hecho irrefutable, y es que algunas personas se llenarán de luz. Llenarán el palacio de su vida de perfume, sus vidas tendrán una melodía. Si existe la divinidad, si existe la dicha, si existe el esplendor en alguna parte, les corresponde a estas personas porque se lo han ganado.

Te cuento esta historia al comenzar estos tres días de conversaciones para que el palacio de tu vida no se quede vacío, para que en vez de llenarlo de basura lo llenes de luz, y nos inunde con su música y su perfume. ¿Cómo puedes conseguirlo? Esta noche te diré los primeros pasos que debes seguir, y durante estos tres días vamos a intentar vivir la vida de acuerdo con estos tres pasos.

¿Cómo puedes llenar tu palacio de luz? Los próximos tres días te daré algunas pistas, te hablaré de los pasos científicos que puedes dar. Pero antes, esta noche, vamos a intentar entender algunos puntos básicos de cómo vamos a vivir y a pasar los próximos tres días en este retiro de meditación.

Hay algo que tenemos que entender muy bien, y es que si conseguimos aprender a vivir correctamente durante tres minutos nuestra vida puede cambiar. Cuando alguien ha dado pasos en la dirección correcta y se ha conectado con la dicha, aunque solo sea un instante, no podrá desconectarse en los años sucesivos. Cuando has abierto los ojos y has mirado a tu alrededor, ya no puedes volver a cerrarlos, no puedes seguir estando ciego.

Tres días es un intervalo de tiempo bastante largo. Te doy la bienvenida y las gracias por haber reservado estos tres días para estar aquí. En el mundo actual la gente no suele estar dispuesta a emplear tres días para llenar su vida de luz.

Un mercader estaba a punto de partir en un barco a lugares lejanos para ganar muchos millones de rupias. Sus amigos le dijeron:

–Tu embarcación está muy vieja y en el mar siempre hay tormentas. Va a ser un viaje muy arriesgado y podrías naufragar. Por lo menos deberías aprender a nadar.

–Ahora no tengo tiempo para aprender a nadar –contestó el mercader.

–No vas a tardar mucho tiempo –le dijeron sus amigos–. En tu ciudad hay un nadador profesional que asegura que puedes aprender a nadar en tres días.

–Quizá sea verdad, pero ¿de dónde voy a sacar tres días? –respondió–. En esos tres días hay millones de rupias que cambian de manos. Ya aprenderé a nadar cuando tenga más tiempo.

–Vas a estar permanentemente en peligro porque la mayor parte del tiempo estarás en la nave. Un día te encontrarás con un problema, ¡y no sabrás nadar! –insistieron sus amigos.

–Mirad, no puedo perder el tiempo. Si sabéis de algún truco que me pueda ayudar a salvarme, contádmelo –dijo el mercader.

–En ese caso, ten dos barriles vacíos siempre a mano. Si

ocurriera una desgracia, podrás mantenerte a flote con ellos –le aconsejaron.

El mercader se llevó dos barriles vacíos y los guardó debajo de su cama. Un día se desató súbitamente una tempestad y la embarcación empezó a zozobrar. El mercader gritó:

–¿Dónde están mis barriles?

Los demás marineros estaban seguros de que él mismo los encontraría ¡porque estaban debajo de su cama!

Como sabían nadar perfectamente, saltaron al agua. El mercader encontró los barriles, pero al lado de ellos había otros dos barriles llenos de monedas de oro que había guardado para llevarse a casa. Y se encontró en un dilema. ¿Qué barriles debía coger, los que estaban llenos o los que estaban vacíos? La embarcación se estaba hundiendo. ¿Qué iba a ganar si cogía los barriles vacíos? Al final decidió saltar con los barriles que estaban llenos.

Ya os podéis imaginar lo que pasó. No tuvo tiempo de dedicarle tres días a aprender a nadar. Yo me alegro de que puedas dedicarte tres días para estar aquí. Aquel hombre tuvo la oportunidad de saltar con los barriles vacíos, sin embargo, escogió los llenos. Prefería que las cosas estuviesen llenas porque era a lo que estaba acostumbrado. No estaba dispuesto a quedarse sin nada ni un solo instante.

Durante los próximos tres días te voy a enseñar a agarrarte a los barriles vacíos, pueden serte útiles si tienes que cruzar un río. Sin embargo, para cruzar el océano de la vida, el océano de la existencia, es mejor que te vacíes. Cuanto más vacío estés, mejor podrás nadar en el océano de la vida, de la existencia.

Por desgracia, nos utilizamos a nosotros mismos como si fuésemos cubos de basura. Hay gente que se llena de oro y otros se llenan de barro, algunos se llenan de guijarros y otros de diamantes y joyas. Pero eso no cambia nada, puedes llenar los barriles de lo que quieras porque se seguirán hundiendo.

Al mercader no le salvaron sus barriles llenos de oro. Cuando se estaba ahogando, debía haberles dicho: «Mis pobres barriles, os he llenado de oro y, a pesar de ello, sois incapaces de salvarme. Me vais a ahogar, aunque no os haya llenado de barro. A pesar de estar llenos de oro, os estáis hundiendo». Aunque los barriles no le habrían hecho caso, porque un barril lleno solo puede hundirse, no puede flotar, no importa de qué lo hayas llenado.

Lo que hayamos acumulado en nuestro interior no tiene importancia, solo nos estamos preparando para hundirnos, no nos estamos preparando para nadar. La religiosidad es el arte de nadar. Todo lo que hemos aprendido hasta ahora en la vida solo nos ayuda a hundirnos, entonces ¿cómo podremos conducir el barco de nuestra vida a esa orilla desconocida que llamamos lo divino, la divinidad, la verdad? ¿Cómo?

Vamos a repasar los pasos preliminares…

Siempre me preguntan: «¿De qué trata este retiro de meditación?». Ayer precisamente, cuando venía hacia aquí, alguien me preguntó: «¿De qué va a tratar este retiro de meditación? ¿Qué significa *satsang*?».

Le contesté que *satsang* es estar en la presencia de la verdad y va dirigido a alguien que está preparado para oír, para escuchar, para un buscador. Este retiro de meditación no es solo para los buscadores que han venido a escuchar, sino para los que quieran practicar, para los que quieren hacer algo. Si has venido a escuchar, estás en el lugar equivocado. He estado en todas vuestras ciudades y podríais haberme escuchado allí. Si os he invitado a este remoto lugar, es porque aquí vamos a hacer algo más. En esta soledad que hay aquí podréis conseguir algo.

En los próximos tres días no hagas demasiado hincapié en la escucha. Quiero que quede claro que estos días vamos a practicar algo. Aunque conozcas muchas palabras, el simple hecho de oírlas o conocerlas no va a provocar una revolución o una transformación en tu vida. En cierto sentido, también está bien conocer algunas palabras inútiles para que no pienses equivocadamente que has conseguido algo por el simple hecho de escucharlas. Cuando oyes algo que tiene valor, es muy fácil caer en la ilusión de creer que has conseguido alguna cosa, que has logrado alcanzar algo importante. Aunque no podrás conseguir nada solo escuchando.

Para empezar, hay una cosa que todo buscador tiene que entender: tiene que hacer algo, tiene que ser algo. Tiene que transformar su forma de vida, tiene que modificar su estilo de vida. Si logra provocar una revolución en su ser, sucederá algo. De lo contrario, no sucederá nada. No sirve de nada ser un simple oyente. Oír no es más que un entretenimiento; hay gente que es feliz oyendo música y otros son felices oyendo la verdad, oyendo hablar de la existencia. Aunque eso tampoco deja de ser un entretenimiento. Es una forma de olvidarte un rato de ti. Para transformar tu vida, tienes que hacer algo.

Todo lo que te diga los próximos tres días estará enfocado a producir una transformación real en tu interior. Esto puede provocar un cambio esencial. Sin embargo, yo solo no puedo provocar esa transformación, necesito que participes activamente, y solo así podré asegurarte que ocurra algo.

En primer lugar, este retiro de meditación es una oportunidad para transformar tu ser. Puede revolucionar, reconstruir y recrear activamente tu vida. Es una oportunidad, pero no solo para la mera escucha, el pensamiento, la contemplación o el razonamiento. Tienes una gran oportunidad para darle una nueva forma a tu vida, una nueva dimensión, para tener una nueva vida. Si comprendes esta cuestión claramente, durante los próximos tres días dejarás de comentar con los demás lo que se está diciendo. Por favor, os pido que no lo habléis entre vosotros, sino que experimentéis lo que estoy diciendo.

Tres días es un plazo muy corto y de nada sirve perder el tiempo en pensar o discutir. Tendrás que realizar algunos experimentos porque lo que estoy diciendo solo se puede comprobar experimentándolo. Solo puedes entenderlo y comprender su significado si lo experimentas. Si puedes dar un paso en la dirección que te digo, el significado estará mucho más claro para ti, pero si sigues pensando, contemplando o hablando con los demás, no te quedará claro. Y no solo eso, sino que fracasarás y perderás lo poco que habías entendido antes.

En la vida hay ciertas cosas que solo se pueden ver y aprender sabiéndolas. Si intentas explicarle a una persona ciega el significado de la luz, no te entenderá. Pero, si se cura la vista, entenderá todo lo referente a la luz sin que tengas que darle explicaciones. Tu situación actual es como la de un ciego. Aunque puedes hacer algo para que abra los ojos, no puedes explicarle lo que es la luz.

¿Cómo se pueden abrir los ojos? ¿Cuáles son los pasos iniciales? Primero hay que entender que nos hemos reunido aquí para hacer algo, que no hemos venido solo a escuchar o pensar acerca de ello. Solo podrás apreciar lo que te estoy diciendo cuando sepas que hay que hacer algo para despejar el camino.

¡La casa está en llamas! Si le digo a la gente que su casa está en llamas y se ponen a pensar en lo que he dicho, en el significado o el propósito de lo que he dicho, es imposible que apaguen el fuego. Si te digo que tu casa está en llamas, no estoy predicando ni discutiendo una propuesta filosófica, solo te estoy diciendo que tienes que salir cuanto antes de tu casa. Te estoy pidiendo que tomes parte activamente y des algunos pasos para salir de la casa.

«Tu casa está en llamas» no es una doctrina, no una disputa, una controversia o una conclusión filosófica. Solo es una advertencia. Es una advertencia para quienes pueden actuar de una forma activa para salir de la casa. Todo lo que diga estos próximos tres días es para que se desencadene algo en tu interior. Es fundamental que lo tengas en cuenta.

Tienes que entender que mis palabras sirven para que des un

paso activo hacia lo que te estoy diciendo. Son una invitación. Mis declaraciones no están pensadas para que las escuches, las entiendas o para filosofar. Es una nueva comprensión de la práctica de la meditación, es la esencia de la disciplina meditativa.

En segundo lugar, no va a ocurrir nada simplemente porque nos hayamos reunido todos en este retiro de meditación en un lugar remoto. Todo depende de nuestro propósito. ¿Por qué nos hemos reunido? ¿En qué estado interior te encuentras? ¿Cómo te sientes? Se han reunido muchos amigos, unos serán capaces de aprovechar esta preciosa oportunidad y otros se la perderán. Estamos acostumbrados a vivir la vida fútilmente. Durante estos tres días os pido, por favor, que dejéis esa costumbre a un lado.

Cuando estás en casa, eres un tipo de persona. Durante estos tres días, deja de ser esa persona. Nuestros hábitos son muy mecánicos. Al levantarte por la mañana, lo primero que haces es buscar el periódico. Si aquí sigues haciendo lo mismo por las mañanas, yo diría que aún no has llegado aquí. No te has movido de donde estabas, porque sigues repitiendo las mismas cosas. Quieres traerte tu casa aquí, quieres llevar la misma vida que llevas allí, seguir con la misma rutina. Estas repitiendo las mismas cosas que haces a diario, pero es una rutina mecánica. Todos tus hábitos son mecánicos, sigues un patrón. Tienes que liberarte de ese patrón.

Durante estos tres días intenta vivir como una persona nueva, sin perder de vista tu ser interior. Procura no usar el mismo esquema de funcionamiento o el mismo patrón que tienes en casa. Si aquí sigues haciendo lo mismo, significa que todavía estás en tu casa y tu venida habrá sido una pérdida de tiempo. Si estuvieras en tu casa, no importaría que siguieras teniendo los mismos hábitos de antes.

Recuerda que si alguien está muy atado a sus costumbres diarias y no logra prescindir de ellas ni un solo momento, no podrá experimentar una revolución espiritual en su vida. Está cerrado y protegido y no tiene el coraje de salir, ni siquiera es capaz de intentarlo. Es como un árbol encerrado en una semilla que no puede romper la cáscara. Esa semilla nunca podrá brotar, nunca se elevará hacia el cielo, nunca florecerá.

Todos estamos fuertemente atados a la prisión de nuestras costumbres. Lo primero que debemos recordar en este retiro de meditación es que tenemos que empezar a romper estas limitaciones. Recuerda que todo el mundo tiene una serie de pequeñas costumbres, un patrón de comportamientos triviales particular; y una costumbre, por muy pequeña que sea, puede aprisionar al alma.

> Tenía un amigo que era un abogado famoso. Y solía jugar con el botón de su chaqueta, sobre todo cuando tenía que dirigirse a la corte o pensar detenidamente en alguna cuestión crítica. Cuando lo hacía, se liberaba algo en su mente y los pensamientos fluían con libertad. En cierta ocasión, tenía un pleito muy sencillo y parecía imposible que lo pudiera perder. Pero el abogado de la parte contraria había observado que tenía esa costumbre de jugar con el botón de la chaqueta cuando se

encontraba en una disyuntiva. Consiguió sobornar al chófer para que le quitara ese botón de la chaqueta.

El abogado llegó al juicio con la chaqueta colgada del hombro. Se la puso y empezó a defender su caso. Cuando llegó el momento crítico de la defensa, la mano buscó el botón, ¡pero no lo encontró! Inmediatamente, empezaron a caerle gotas de sudor por la frente. Perdió el control de los brazos y las piernas, se agarró a la silla y se sentó. ¡Y perdió el caso! Más tarde me confesó que se había sorprendido de la importancia que podía tener un simple botón. ¿Cómo es posible que ese botón estuviera tan íntimamente conectado a su mente? ¿Cómo es posible que alguien esté tan esclavizado por un botón y todo acabe siendo un desastre si lo pierde?

Todos somos esclavos en este sentido. Si queremos cambiar la dirección de nuestras vidas, tendremos que liberarnos de los viejos hábitos. Da igual que sea un botón o cualquier otra cosa. Os pido, por favor, que durante estos tres días hagáis un esfuerzo consciente en este sentido. Y estad atentos para no caer de nuevo en los mismos patrones. No hace falta que leas el periódico mientras estás aquí, ni que oigas la radio ni que pases el rato con parloteos inútiles. Estos días dale un descanso a tus hábitos. Si algunos de vosotros habéis venido con vuestras parejas, no hace falta que mostréis vuestro parentesco a los demás. Las emociones que te atan en casa deben quedarse allí estos días, de lo contrario no saldrás de tu casa y no podrás estar aquí con totalidad.

Es muy fácil ir de peregrinación a alguna parte, pero la verdadera peregrinación ocurre en tu interior. Este retiro de meditación no tiene lugar en Nargol. Si fuera así, ya habrías llegado. Es un retiro que tiene lugar dentro de ti. La peregrinación solo ocurre cuando estás en un estado de alerta permanente. Las vías del tren o las carreteras pueden llevarte a cualquier sitio, pero no pueden alejarte de ti mismo, siempre estás contigo mismo. Es fundamental que te quedes en casa para este retiro de meditación. Si no lo has hecho todavía, hazlo ahora mismo. Compórtate durante estos días como una persona nueva, como una persona sin costumbres ni patrones. Intenta ser más consciente de tus propias costumbres, de esos patrones con los que has amordazado tu mente.

Estamos acostumbrados a hablar constantemente durante todo el día, hablamos sin parar, nunca se nos ocurre quedarnos en silencio. No nos damos cuenta de que las personas que no dejan de hablar no pueden encontrar la verdad última. Solo puedes acercarte a ella a la verdad última si conoces el silencio. Nadie puede llevar a otra persona a la verdad ni llevarse a sí mismo a menos que conozca el silencio. Nos pasamos las veinticuatro horas del día inmersos en conversaciones. Cuando tenemos la ocasión de estar en silencio un momento, el silencio nos abruma, nos sentimos incómodos y buscamos alguna forma de pasar el rato.

Intenta experimentar el silencio durante tres días. Permanece todo el tiempo que puedas en silencio. Habla lo menos posible, trata de ser telegráfico, como si tuvieras que pagar por cada palabra que pronuncias. Cuando mandas un telegrama, no usas frases largas. Simplemente, eliminas todas las palabras superfluas y usas solo unas ocho o diez. Eliminas todas las palabras innecesarias, sobrantes. Un telegrama de ocho palabras puede ser más efectivo que una carta de ocho mil. Cuando solo se usan las palabras necesarias, se condensan y son más importantes; son más intensas y tienen más poder. Cuando usas más palabras, su impacto y la agudeza de su significado se reducen.

Con una lupa puedes concentrar los rayos del sol y encender un fuego. Y, al contrario, los rayos del sol no podrán encender un fuego si se extienden a un área mayor. Cuando aprendes el arte de estar en silencio, tus palabras adquieren una energía mágica. Una sola palabra puede tener la energía o la capacidad de encender un fuego.

Hablamos las veinticuatro horas al día de cualquier tema sin parar. Hablamos de cosas sin importancia, inútiles, que no le aportan nada a nadie, pero seguimos haciéndolo. Durante estos tres días procura que tus labios no digan palabras innecesarias. Te sorprenderás al ver que son muy pocas las palabras que realmente necesitas. El hecho de que las palabras necesarias sean tan pocas te permitirá pasar muchas horas en silencio fácilmente. Es más, al final resulta difícil encontrar palabras que sean esenciales.

Es posible que hayas oído hablar de Lao Tzu…

Lao Tzu vivió en China hace dos mil quinientos años. Todas las mañanas solía ir a dar un paseo y le acompañaba uno de sus amigos. Cuando llegaba su amigo, le daba los buenos días a Lao Tzu, y este solo le devolvía el saludo al cabo de media hora. Era lo único que se decían, solo esos dos saludos. Después de caminar por el monte unas dos horas y media, volvían a casa.

Una vez, el acompañante invitó a otro amigo y los tres se fueron a caminar. En el camino, el invitado exclamó:

−¡Qué maravilloso día! ¡Qué hermosa estación!

Los otros dos permanecieron en silencio. El invitado también se quedó callado después de hacer esa observación.

Más tarde, regresaron a casa. En cuanto entraron en la casa, Lao Tzu le susurró al oído a su amigo:

−Por favor, mañana no vengas con tu amigo; es un charlatán. Ya sabíamos que el día era maravilloso. ¿Qué necesidad tenía de decirlo en alto? Era innecesario. Todos hemos observado la belleza de la mañana. ¿Por qué lo ha dicho? Por favor, no vuelvas a venir con ese amigo tan parlanchín.

Debes tener claro en tu mente la diferencia entre lo que es esencial y lo que no lo es. Hagas lo que hagas, pregúntate si es esencial o no. Si durante estos días te das cuenta de que estás hablando sin necesidad, deja la frase incompleta. Deja de hablar en ese instante. Perdónate por el error que has cometido al hablar de forma innecesaria, es simplemente la costumbre.

Durante estos días procura estar en silencio. Acércate a la misteriosa orilla del mar y siéntate en silencio. Aquí hay árboles maravillosos, siéntate cerca de ellos. No charles ni siquiera con tu mujer o con tu amigo. En su lugar, habla con los árboles o con el mar. En este retiro estás completamente solo.

Y recuerda este tercer punto: la sensación de soledad. «Estoy solo aquí, no hay seiscientas personas a mi alrededor. Nadie me puede acompañar en este camino que me lleva a la meditación, a la práctica meditativa». En ese camino todo el mundo está solo. En el camino hacia la divinidad no hay multitudes, este camino solo se puede transitar individualmente.

Todos estamos solos. Desde el punto de vista del buscador no tienes ninguna conexión con la multitud. Aunque aquí hay mucha gente, todo el mundo tiene que experimentar que está completamente solo. No estás con nadie, vive estos tres días como si estuvieses absolutamente solo. No busques compañía. No busques a tu círculo de amistades. No digas que necesitas estar con tu amigo. Aquí no hay nadie más que tú.

El mayor problema del mundo actual es el de las multitudes. Estamos rodeados de gente a cada paso que damos. Aquí, en cambio, estás completamente solo. Experimenta el estar absolutamente solo durante estos tres días, completamente aislado. La puerta siempre está cerrada para quienes se quedan en la multitud. La puerta se abre para quien es capaz de estar solo. Cuando te vayas a dormir esta noche, conserva esta sensación de soledad, duerme como si estuvieses completamente solo. Como si en todo este espacio no hubiera nadie más que tú. Arrópate con una manta de soledad silenciosa mientras duermas. Cuando te despiertes por la mañana, sigue conservando esa sensación de soledad.

La verdad es que el ser humano está solo. Nacemos solos y morimos solos. Y entre medias, vemos a una gran multitud. Esto nos hace creer que estamos con alguien más. Creemos que estamos con alguien porque los cuerpos se tocan. Intercambiamos palabras y creemos que hay alguien con nosotros. Pero nadie está con nadie, se recorre el camino completamente solo. Nadie acompaña a nadie.

Aunque solo sea estos tres días, deja que ahonde dentro de ti el pensamiento de que estás completamente solo. Esto causará un impacto en tu interior. Cada vez que recuerdes que estás completamente solo, surgirá un misterioso silencio en tu interior. La comunicación empieza cuando hay alguien más, la relación solo empieza cuando hay alguien más. Las disputas, la amistad y la enemistad solo empiezan cuando aparece el otro. Por eso, no es de extrañar que caiga sobre ti un silencio puro cuando estás completamente solo. El silencio es la sombra de la soledad. Durante estos tres días deja que la sensación de soledad penetre e tu interior.

No molestes a los demás. No interrumpas su silencio. Si alguien está sentado tranquilamente debajo de un árbol, no te acerques a él. Si lo haces casualmente, aléjate de inmediato. Siempre que te acuerdes, deja que los demás estén solos.

Si puedes experimentar la soledad intensamente durante estos tres días, se producirá una transformación en tu interior. Nos hemos reunido aquí para que suceda esta transformación. De modo que ten presente siempre que «estoy totalmente solo, completamente solo, absolutamente solo. No hay nadie más».

Un maestro iluminado llamado Gurdjieff realizó un experimento en un pequeño pueblo. Reunió a treinta personas en una cabaña y les dijo: «Ya no hay treinta personas. Cada uno de vosotros está solo. Todo el mundo tiene que experimentar que está solo. Este experimento durará tres meses y no debéis pensar que hay más gente en la casa. Las otras veintinueve personas no existen, solo estás tú. No habléis entre vosotros y tampoco os miréis, porque los ojos también pueden hablar. Olvídate de que hay alguien. Quédate solo, completamente solo».

En los tres meses que duró el experimento, las personas alcanzaron un espacio completamente nuevo. En este experimento de tres meses consiguieron experimentar algo que las personas no logran alcanzar trabajando a lo largo de tres vidas. En esos tres meses se quedaron en silencio absoluto. No había nadie con quien hablar, ya que el «otro» no existía. Generalmente, hablamos con la mente, pero para hacerlo nos tenemos que imaginar al otro; nos imaginamos que está frente a nosotros. Tenemos que crearnos una imagen mental del otro. Solo podemos hablar mentalmente cuando tenemos una imagen del otro frente a nuestros ojos. Aunque en realidad no haya nadie.

Mantuvieron el pensamiento «estoy completamente solo» en su mente, y permitieron que esa idea fuera penetrando en su ser a lo largo de esos tres meses. Todas las palabras desaparecieron, cesó la comunicación, los pensamientos se detuvieron. Y en ese estado sin pensamientos pudieron ir levantando las capas que esconden en su ser interior.

Mientras sigamos charlando con los demás no sabremos lo que hay oculto en nuestro interior. Si queremos descubrir el «yo» interior, tenemos que deshacernos del «tú». Tenemos que dejar de ver al otro, tenemos que alejarnos del otro. Mientras sigamos apegados al «tú» no podremos percibir el «yo», la naturaleza del «yo». Todas nuestras miradas, nuestras ojeadas y nuestras tendencias fluyen hacia el otro. Nos pasamos las veinticuatro horas del día con el otro. Nos movemos en torno al otro y alrededor de él. Esta es la causa de que no nos entendamos a nosotros mismos. Para que suceda, es necesario que haya la soledad. Tienes tener un espíritu de soledad absoluta, una sensación de soledad absoluta.

Había un monje zen llamado Bodhidharma. Un día llegó un hombre joven y le dijo:

–Quiero saber quién soy.

Bodhidharma era una persona muy amable y compasiva. Enseguida sabrás por qué.

Bodhidharma le propinó al joven una fuerte bofetada. Este se quedó anonadado y exclamó:

–¿Qué haces? Solo te he preguntado quién soy, ¡no era necesario darme semejante bofetada! –Entonces se levantó y se fue.

Después se fue a ver a otro monje y le contó lo que le había ocurrido:

–Había oído hablar de un gran maestro, Bodhidharma. Cuando fui a hacerle una pregunta, su respuesta consistió en darme una bofetada.

El monje le respondió:

–Bodhidharma es muy compasivo. ¿Has venido a hacerme la misma pregunta? Si es así, déjame que vaya a buscar mi bastón.

El joven se quedó sorprendido y se marchó. Mientras se iba, intentó entender el significado de la bofetada. «¿Por qué me habrá pegado Bodhidharma? –pensó–. Solo ha conseguido hacerse daño en la mano, nada más. Esto debe tener un significado».

A la mañana siguiente, el joven volvió a ver a Bodhidharma y se sentó frente a él:

–De manera que has vuelto –dijo Bodhidharma–. ¿Vas a hacerme la misma pregunta? Si me la haces, te pegaré, y hoy te voy a pegar aunque no me la hagas. ¿Tienes algo que decir?

El joven estaba muy confundido y no podía pronunciar una palabra. Bodhidharma se empezó a reír y dijo:

–¡Tonto! Ayer me preguntaste «¿quién soy?». Cuando le preguntes «¿quién soy?» a alguien, nunca vas a recibir una respuesta. Y si te responden, será un error absoluto. ¿Cómo puede responder a esa pregunta otra persona? Esa respuesta tiene que salir de tu interior. Por eso tuve que pegarte tan fuerte; para que volvieras a tu ser. Solo pretendía que volvieras a tu ser.

Cuando vuelves a tu ser, puedes saber quién eres. Saber quién eres es saber la verdad…, y cuando sabes la verdad, el palacio de tu vida se llenará de luz y de perfume.

Yo voy a hacer todo lo que esté en mis manos para que vuelvas a ti. No voy a ser tan amable como para darte una bofetada, pero voy a mover todos los hilos para que vuelvas a ti. Y lo que te va a ayudar hacerlo es olvidarte del otro. Aquí el «otro» no existe. Olvídate del otro, olvídate de su existencia.

Es muy fácil estar con un árbol, con una montaña o con el mar. ¿Por qué? Porque no consideras al árbol como el otro. No crees que el mar es el otro. Es un problema que solo se plantea con las relaciones humanas. Cuando estás con gente, el «tú», el otro, siempre están presentes. Por eso te pido que te sientes un rato junto al mar. El mar te vuelve a llevar a ti mismo, porque el otro ahí no existe. Siéntate junto a un árbol. El árbol te vuelve a llevar a ti mismo porque el otro ahí no existe. El problema surge cuando hay seres humanos; la existencia de otra persona hace que tu mente vaya hacia ella. No puedes estar contigo mismo porque tu mente se enfoca en el otro.

Un día serás capaz de sentarte junto a alguien como si estuvieras junto al mar. Cuando consigas hacerlo, también serás capaz de ver el interior de esa persona. Podrás ver algo que no se ve en los pájaros o en el mar. Verás el misterio más grande, dentro de esa persona verás el misterio de la vida. Pero tendrás que hacer algún esfuerzo para conseguirlo. Un día te podrás sentar junto a alguien como si esa persona no existiese. Pero ese amanecer te llevará un tiempo. Tendrás que hacer algunos esfuerzos, tendrás que crear una determinada situación.

Durante estos tres días, vas a hacer ese esfuerzo. En estos días debes intentar sentir «estoy completamente solo». Busca esa soledad, por favor. Siéntate en silencio y medita sobre las tres cuestiones que he comentado.

Y ahora, cuando te vayas a dormir, hazlo como si estuvieses solo en este vasto mundo, como si estuvieses solo en la Tierra, como si estuvieses solo entre las estrellas. No hay nadie más. Ve profundizando en este sentimiento de soledad poco a poco, y duérmete lentamente. Cuando te despiertes por la mañana, notarás que estás en un estado extraordinario. Ese es el estado de la soledad.

Un buscador siempre está solo. No tiene compañeros ni amigos. No pertenece a la sociedad y tampoco pertenece a una secta. Tiene que caminar hacia el templo de la divinidad absolutamente solo.

En estos tres días, intentaré indicarte el camino hacia la soledad. Por otro lado, si no cooperas, no sucederá nada. No puedes imaginarte lo sencillo que es este proceso cuando cooperas de todo corazón. Pero, cuando no lo haces, se convierte en un proceso difícil, imposible…, no solo es difícil, sino que es imposible.

Antes de acabar, déjame que te cuente una anécdota. Después, te puedes ir en silencio a dormir. Cuando te vayas de aquí, no hables. No hables con nadie. Vete en silencio. Yo estaré observando durante estos tres días para ver si empiezas a hablar o a charlar. Quédate en silencio en la medida de lo posible. Compórtate como si hubieses perdido la capacidad de hablar durante tres días, como si te hubieses quedado mudo, como si las palabras no salieran de tu boca, como si tuvieses los labios sellados.

Un rey estaba deseando oír tocar a cierto gran músico. Le hizo llegar un mensaje a través de un emisario, pidiéndole que fuera a verle a la corte para oírle tocar la *veena*.* Estaba dispuesto a pagar lo que pidiera por su actuación.

En respuesta, el músico dijo que probablemente el rey no sabía que la música buena no se puede tocar por encargo. Y añadió: «Le agradezco su invitación. Puesto que es el rey quien quiere oírme tocar, iré y tocaré la *veena*. Pero tenga en cuenta que no será la misma *veena* que él quiere oír, ni seré yo el músico que el rey quiere oír tocar. Algún día lo podré hacer, porque el rey me lo pide, pero tendrá que esperar; hoy no puede ser. Habrá que esperar a que esté de buen humor un día y mis piernas y mi mente me quieran llevar a la corte».

La respuesta del músico incomodó mucho al rey. Sus cortesanos también se sintieron incómodos. Por primera vez, el rey comprendió la diferencia que hay entre dar una orden o pedir algo. Las cosas importantes de la vida, las cosas que valen la pena, solo pueden ocurrir si las pides, si es una plegaria. Pero «una orden» no tiene el mismo valor. Si lo haces con devoción, tienes que esperar. Una orden se puede cumplir inmediatamente, en este mismo instante.

El rey comprendió que si le ordenaba al músico tocar la *veena* en su corte, no sería la música que él quería escuchar. Él deseaba oír música de verdad, de modo que le pidió al músico de la corte que encontrara una solución.

---

* Instrumento de cuerda clásico hindú. (*N. del T.*)

El músico de la corte le dijo:

—He encontrado una solución. Puesto que el músico no puede venir a la corte, vayamos nosotros a su casa.

—¿Cuál es la diferencia entre que el músico venga aquí o que nosotros vayamos a su casa —preguntó el rey.

Hay una gran diferencia, majestad —contestó el músico de la corte—. Para encontrar las cosas importantes de la vida, hay que hacer un esfuerzo. No puedes esperar que lleguen mientras estás sentado en tu casa. Hay que dar algún paso hacia ellas.

El rey asintió. El intérprete de *veena* era un faquir, era una persona humilde y vestía con harapos. De modo que el músico de la corte le advirtió que no era conveniente ir a la casa del músico con sus vestiduras reales. Si lo hacían, les volvería a ocurrir otra vez lo mismo. Y le sugirió al rey que se pusiese ropa normal.

—¿Cuál es el problema de que vaya vestido así? —preguntó el rey—. Solo vamos a oír música, la ropa que lleve no tiene importancia.

—Sí es importante —replicó el músico de la corte—. Si va con la vestidura real, seguirá siendo el rey vaya donde vaya. Y él no podrá interpretar la música que queremos oír. Cuando quieres que la vida te otorgue algo de valor, hay que aproximarse a ella como un mendigo, no como un rey. Hay que ir mendigando con las manos, pero si va vestido de rey no podrá hacerlo. Esa ropa es adecuada para estar sentado en el trono, pero no para sentarse en la tierra delante de un humilde músico.

El rey asintió y se vistió con ropa normal. Ambos se dirigieron a casa del músico. Atardecía y estaba a punto de hacerse de noche. El músico de la corte también llevó su *veena*, y ambos se sentaron en el suelo junto a la puerta. El músico de la corte se puso a tocar. Era un virtuoso y había una composición que le gustaba especialmente, la tocaba con mucha destreza. Sin embargo, cometió varios errores a propósito. El músico abrió la puerta y les preguntó:

–¿Quién está tocando? ¡Esa pieza no se toca así!

El músico de la corte le dijo humildemente:

–No sé hacerlo mejor. Estoy tocando lo que he aprendido, pero si alguien me enseña estoy dispuesto a aprender.

El músico sacó su *veena* y se puso a tocar. ¡El rey se quedó fascinado!

Cuando terminó de tocar, el monarca le dijo:

–Es posible que no me reconozcas. Soy el rey que te mandó venir a la corte. Por fin he conseguido oírte.

–Esta es una situación muy distinta –contestó el músico–. Ahora no me has llamado y yo tampoco te estoy pidiendo un favor. Con tu actitud has permitido que se cree la situación para que me sienta a gusto y empiece a tocar. Nadie me ha obligado a hacerlo.

Cuando llegas a la puerta de la divinidad, ocurre algo parecido. Nadie te ha ordenado ir hasta allí. Debes hacerlo con devoción. No puedes entrar vestido de rey, sino de pobre. Tienes que entrar con muchísima modestia, con las manos abiertas.

No puedes ir con una actitud de mando. Tienes que ir con una gran humildad, como un «pobre de espíritu», como decía Jesús. Tienes que ser sumiso. Tienes que quedarte delante de la puerta de la divinidad como un mendigo desamparado, humilde y ferviente. Tienes que empezar a rezar con las palabras que se te ocurran, de todas las formas que sepas. Tienes que ponerte a tocar la *veena* con tu estilo particular, de la forma que puedas. Y entonces la puerta del gran músico se abrirá. El músico se acercará y sacará su propio instrumento.

Nuestra peregrinación debe continuar hasta llegar a ese punto. Aunque para esta peregrinación nos tenemos que preparar antes.

2. El conocimiento es una ilusión

Ya había transcurrido más de la mitad de la noche y Sócrates aún no había regresado a su casa. Sus discípulos y sus amigos estaban preocupados porque se había marchado por la mañana. En la ciudad no lo habían visto. No había ido a visitar a nadie y no sabían dónde podría estar. Sus discípulos y sus amigos empezaron a buscarle por todos los caminos y las calles de la ciudad. La luz de la luna iluminaba la noche.

Al cabo de un rato, empezaron a buscarlo en las afueras de la ciudad. Cuando estaba a punto de amanecer, cuando se iba a ocultar la última estrella del cielo, lo encontraron sentado debajo de un árbol. Estaba contemplando el cielo. Se había quedado helado de frío por la gélida noche y parecía una estatua. Sus amigos le zarandearon, pero él estaba en otro mundo; estaba en otro sitio, en otra dimensión, a lo mejor estaba cerca de las estrellas que llevaba contemplando toda la noche. Bajó la mirada y se movió. Al reconocer a sus amigos, preguntó:

–¿Cuánto tiempo ha transcurrido?

–Ha transcurrido toda la noche y ya es casi de día –dijeron sus amigos–. Te fuiste ayer por la mañana. ¿Dónde has estado?

–He estado aquí –dijo Sócrates–. Vine a contemplar el amanecer, pasó la tarde y al anochecer vi cómo se ponía el sol. Quería que mi día transcurriera al mismo ritmo que el del sol. Y después llegó la noche. Salió la luna, empezaron a brillar las estrellas y me sentí transportado. Me perdí entre las estrellas; no era consciente del paso del tiempo.

–¿Qué tienen de especial la luna y las estrellas? –le preguntaron sus amigos–. ¿Qué es lo que te ha tenido tan embelesado como para no darte cuenta de que había transcurrido tanto tiempo?

–¿Os sorprende? –respondió Sócrates–. Debería sorprenderme yo. ¿Cómo puedes ver la luna, las estrellas o el sol, y no quedarte embelesado? ¿Cómo no vas a quedarte en silencio del asombro que te provocan, cómo no sentirte atraído por los astros, cómo no sentirte llamado a cantar con ellos, a participar de su música? En vuestra opinión, ¿carecen de algo? Soy yo el que debería preguntaros. No deberíais decir: «¿Qué es lo que tiene la luna y las estrellas para que no nos demos cuenta de que ha pasado toda la noche?». Benditos sean los que buscan la luna y las estrellas en los árboles, en los mares, en las montañas y en los ojos de una persona, y encuentran algo. Quizá sean ellos los únicos que ven y todos los demás estén ciegos.

Nosotros también estamos ciegos. Nosotros tampoco vemos. ¿Cómo hemos podido quedarnos ciegos? Para entender cómo podemos curarnos, es necesario saber ciertas cosas acerca de esto. Si una persona va con esta ceguera básica respecto a la vida, le va a costar mucho trabajo practicar la meditación.

Si no somos capaces de ver una flor, ¿cómo vamos a ver la divinidad? Si no somos capaces de oír el rugido del mar, ¿cómo vamos a oír la voz de lo divino? Si no podemos ver la luna y las estrellas, ¿cómo podremos abrirnos a la luz que es el espíritu mismo de la vida? No vemos nada. Nos pasamos la mayor parte de la vida medio dormidos. Los días van pasando y tenemos los ojos cerrados. Las vibraciones de la vida, desde nuestro nacimiento hasta nuestra muerte, no hacen vibrar a nuestro ser. No hay nada que despierte nuestra sensibilidad y nada que nos llene de asombro.

La experiencia del misterio de la vida es lo primero que le interesa a la religión. Toda la vida es un misterio; desde un pequeño guijarro hasta el sol que está allá arriba, desde una pequeña semilla hasta los árboles que tocan el cielo; todo lo que existe es un misterio. En cambio, no somos capaces de ver ese misterio porque para ello debemos adquirir antes una habilidad que aún no tenemos. Tenemos que ser receptivos, tenemos que tener el corazón abierto. Es posible que la puerta de nuestro corazón todavía no se haya abierto y siga cerrada. Es posible que estemos en una prisión y tengamos las puertas y las ventanas cerradas; no es extraño que nuestra vida esté llena de desesperación y oscuridad. Estamos envueltos en un ambiente contaminado y sórdido. Las preocupaciones y las tensiones se han adueñado de nosotros. Y esto es completamente natural; era inevitable.

¿Cómo ha llegado esta insensibilidad a nuestras vidas? Y a pesar de todo, preguntamos: «¿Existe Dios?», o más aún: «¿Es inmortal el alma?». Hacemos todas estas preguntas olvidándonos de la pregunta esencial: ¿tenemos la capacidad de ver el misterio de la vida? Cada día que pasa, el ser humano va perdiendo la capacidad de ver el misterio de la vida. Cuanto más instruidos somos, menor es la capacidad de ver el misterio de la vida. Cuanto más cultos somos –cuanto más se expanden los límites de nuestros conocimientos–, más nos alejamos del milagro, del misterio insondable de la vida, del rompecabezas indescifrable de la vida.

Hemos llegado a la conclusión de que lo sabemos más o menos todo gracias a nuestros conocimientos, al entendimiento que hemos adquirido, y de que podemos aprender lo que no sepamos. No hay nada que no podamos saber. Todo se puede aprender.

Esto se contradice absolutamente con la realidad. Todo lo que hay en la vida es incognoscible. Lo que llamamos conocimiento realmente no lo es. En la vida no se puede conocer nada. Todos los fenómenos que observamos, empezando por una pequeña hoja, siguen siendo desconocidos, incognoscibles, inconcebibles, absolutamente misteriosos. Es un misterio que nunca podrá ser revelado. Lo poco que sabemos no es conocimiento, solo estamos ligeramente familiarizados con ello. Y creemos que estar familiarizados es conocerlo.

Somos capaces de aprender muchas cosas en pocos días. Nos hemos reunido en esta orilla del mar tapizada por un bosque de cipreses. Ayer, cuando llegamos, sentíamos asombro por lo desconocido, por los árboles y por el mar. Pero hoy ya nos resultan familiares, y mañana aún más, y al día siguiente más. Cuando nos vayamos de aquí, ya no nos fijaremos en los cipreses, ni oiremos el rugido de las olas del mar. Las personas que viven aquí no lo notan. La gente viaja hasta Cachemira para hacer turismo, sin embargo, los que viven ahí no se sorprenden por todas esas cosas. La gente está deseando hacer una peregrinación al Himalaya, pero los que viven ahí creen que no hay nada. ¿Acaso «saben» esas cosas? No; las tienen tan cerca que se han acostumbrado a ellas. Después de verlas un día tras otro, se creen que las «conocen».

El estar acostumbrado a algo te crea la ilusión de conocerlo. El ser humano está cada vez más acostumbrado al mundo, y lo llama «conocimiento». Sin embargo, lo que mata todo el asombro que provoca la vida es la ilusión del conocimiento, la actitud hacia el conocimiento. El buscador tiene que destruir esta ilusión de conocimiento para desarrollar un espíritu de asombro. ¿Puedes sentarte cerca de estos árboles como si accedieras a un mundo misterioso por primera vez? ¿Puedes escuchar el sonido del mar como si fuera la primera vez? El primer hombre que pisó la Tierra lo hizo así. ¿Eres capaz de ver la Tierra de esa forma? El primer hombre que pise la luna estará embelesado, asombrado. Se quedará en silencio…, todo le resultará desconocido, no será familiar. ¿Eres capaz de estar en el mundo con ese mismo espíritu? Si es así, habrás subido al primer peldaño de la escalera de la meditación.

Te pido que tengas ese mismo espíritu durante estos tres

días, como si tu barco hubiese encallado en la orilla de Nargol y hubieses desembarcado en un lugar desconocido por
primera vez. Como si todo te resultase desconocido: la noche,
los árboles, la playa e incluso el cielo. De hecho, cuando na-
ciste no sabías absolutamente nada. Dondequiera que nazcas,
al nacer siempre eres inocente, eres un verdadero extraño. El
nacimiento nos trae a una situación desconocida y al morir
nos marchamos sin saber nada. Antes de que nuestra vida
termine, ¿sabemos algo? En el momento de la muerte nuestra
conciencia está en el mismo punto que estaba al nacer. No hemos adquirido ningún conocimiento a lo largo de nuestra vida.

Entre el nacimiento y la muerte tenemos la ilusión de un
conocimiento. Pero esta ilusión surge porque las cosas nos
resultan familiares. El padre cree que conoce a su hijo, la
mujer cree que conoce a su marido, el amigo cree que conoce
a su amigo, pero nadie conoce a nadie. Tenemos que asumir
esta sensación de ser un extraño, tenemos que darnos cuenta
de que no estamos familiarizados, debemos reconocerlo. Tenemos que tomar conciencia de esto.

«No sé absolutamente nada» es algo que debería formar
parte de tu meditación; debería ser la parte central de tu pensamiento, de tu contemplación y de tu meditación. ¿Podrás
hacerlo? ¿Podrás ser un poco más valiente y dejar a un lado tu
ego, que ha sido creado por tu supuesto conocimiento? La raíz
más profunda del ego del ser humano es la sensación de saber.

Si le preguntas a alguien si Dios existe, te responderá: «Sí,
Dios existe», o «Dios no existe». En ambos casos te está di-

ciendo que lo «sabe». Difícilmente, te encontrarás a alguien que se quede en silencio un rato, y diga: «No lo sé». Pregúntate si sabes algo. Hazte seriamente esta pregunta, por favor.

Pregúntate: «Qué es lo que realmente sé?». No te conoces. Si no te conoces a ti mismo, no tiene sentido hablar de lo demás. «Si no sé quién soy, ¿cómo voy a conocer el resto? Si no estoy familiarizado con lo que tengo más cerca, si no conozco lo que está dentro de mí, ¿cómo puedo tener conocimiento de lo que está lejos o estar familiarizado con ello?». ¿Te conoces a ti mismo? Quizá nunca te hayas hecho esta pregunta.

Damos las cosas por sentado, por ejemplo, creemos que nos conocemos y empezamos a vivir la vida como si así fuera. Pero nunca nos hemos hecho esta pregunta. ¿Cómo puedes avanzar si no te has hecho esta pregunta básica?

Todo el mundo debería hacerse esta pregunta tan elemental: «¿Me conozco a mí mismo? ¿Quién soy, qué soy, de dónde vengo, a dónde voy?». Estas cuatro preguntas básicas no tienen respuesta, pero damos por hecho que nos conocemos.

Eran las tres de la mañana y Schopenhauer estaba en un pequeño parque. Todavía estaba oscuro porque no había amanecido. El vigilante del parque se preocupó al ver que había alguien en el parque a esa hora. Alzó su linterna, cogió su bolsa y se adentró en el parque. Schopenhauer estaba dando un paseo e iba hablando solo, y hablaba con los árboles. El guarda se empezó a preguntar si no estaría loco, ¡estaba hablando solo! Guardando las distancias, le gritó:

–¿Quién eres? ¿De dónde vienes? ¿Para qué has venido? ¿Qué quieres?

Schopenhauer lanzó una enorme carcajada y dijo:

–Hasta el momento nadie ha podido responder a las preguntas que me estás haciendo. «¿Quién eres?», me preguntas. Llevo casi toda mi vida haciéndome esa misma pregunta y todavía no he encontrado la respuesta. Me preguntas: «¿De dónde vienes?». Hasta la fecha, nadie ha podido decir de dónde he venido; me resulta imposible saberlo. Me preguntas: «¿Para qué has venido?», y no sé qué contestarte.

El vigilante pensó que debía de estar loco porque no sabía responder a unas preguntas tan elementales. Sin embargo, ¿quién estaba más loco, Schopenhauer o el vigilante? ¿Quién estaba loco?

Si tienes la falsa creencia de que sabes, es posible que estés loco. Aunque es no saber lo más habitual entre los seres humanos. Es la condición humana; no se trata de que estemos locos.

A la sociedad se le ha ocurrido un método para que nos encontremos o sepamos quiénes somos, y no pensemos que estamos todos locos. Ha inventado tácticas para hacernos creer que nos conocemos. Nos ponemos un nombre; creamos una comunidad; creamos una religión; creamos una nación; hacemos todo esto para saber quiénes somos. Tengo un nombre, una comunidad, una religión, una nación, unos padres. Y los demás también tienen un nombre y unas tradiciones familiares. Hemos creado una estructura que nos permite saber quiénes somos.

Es un sistema absurdo, imaginario, inventado. ¿Porque, qué es un «nombre»? ¿Qué es una «casta»? ¿Qué es una «religión»? Existe un país, pero ¿a quién pertenece? Hemos dibujado unas líneas imaginarias en la Tierra que separan la India de China, o Rusia de Estados Unidos. Pero todas estas demarcaciones son falsas. En la Tierra realmente no hay líneas. Cuando digo: «Soy de un lugar que se extiende hasta ese punto», estoy trazando fronteras nacionales en torno a mi gente y les estoy poniendo nombres y etiquetas falsas. Una persona es Rama, otra es Krishna y otra es otra cosa. Todos esos nombres son falsos. Al nacer el ser humano no tiene nombre.

También hemos asociado al ser humano una casta, pero es algo completamente falso. El ser humano no nace en ninguna casta, se la imponen al nacer. Asociamos el nombre de nuestros padres con el nuestro. Nuestros padres tampoco tienen nombre, y los padres de nuestros padres, tampoco. Este falso conocimiento que se ha asentado en algún rincón de nuestro ser nos hace creer que nos conocemos.

Vivimos con esta ilusión, pero, de hecho, nos estamos destruyendo. Un buscador tiene que romper esta ilusión, tiene que alumbrar ese remoto rincón. Tiene que entender claramente que no tiene ningún nombre. No pertenece a ningún país. No puedes presentarlo como «fulanito o menganito»; su identidad es desconocida. Igual que esta brisa, que no tiene nombre; o que estos árboles, que no tienen nombre; o como las estrellas del cielo, que no tienen nombre: o como las olas del océano, que no tienen nombre –son desconocidas, no son familiares–; de la misma manera, las olas de la vida del ser humano tampoco tienen nombre, son desconocidas, no nos son familiares.

Y eso no es todo; el hombre se ha inventado una estructura que representa a su ser interior. Si le preguntas a alguien: «¿Quién está en tu interior?», inmediatamente responderá: «Dentro de mí hay un alma y esa alma es inmortal. Tuve una vida anterior, y esta vida es la consecuencia del karma anterior. Después de esta vida, hay otra. El cielo y el infierno existen. Allí los seres humanos se purifican, y luego se liberan». En realidad, no lo sabemos, lo ignoramos, pero, a pesar de todo, hemos trasladado muchos conceptos a palabras. Este supuesto «conocimiento» se ha adueñado del ser humano, pero es un conocimiento imaginario. En realidad, no sabemos nada, nada de nada, solo seguimos repitiendo las mismas palabras. Estamos acostumbrados a ellas y reflexionamos sobre ellas.

Hace algún tiempo vino a verme un *sannyasin*, y le pregunté:

–¿Qué tipo de meditación practicas?

Él me empezó a contar:

–Me siento yo solo y pienso que soy *sat-chit-anand*, la verdad, la conciencia y la dicha; pienso que no voy a morir porque no soy el cuerpo, ni soy la mente, soy el alma. Esa es mi meditación.

–Dices que eres la verdad, la conciencia y la dicha –le pregunté–. ¿Cómo lo sabes? ¿Es algo que has entendido y has vivido, has vivido esa experiencia? ¿O solo son unas palabras que has oído y las repites? Si realmente sabes que eres la verdad, la conciencia y la dicha –añadí–, ¿qué necesidad tienes de repetirlo constantemente?

No hace falta repetir lo que ya sabemos. Repetimos lo que no sabemos, y así nos hacemos la ilusión de saberlo. ¿Qué necesidad tendríamos de repetir todo el día que «Soy Dios, soy la realidad última», si realmente supiéramos? No hace falta repetir lo que ya sabemos. Solo repetimos lo que no sabemos. Después de tanto repetirlo nos creemos que tenemos un vínculo estrecho con esas palabras. Hemos creado un vínculo a base de repetirlo constantemente.

Y como nos conviene, nos hemos olvidado de que la primera vez que pronunciamos esas palabras no sabíamos lo que significaban. Después de repetirlas cincuenta veces, nos creemos que lo sabemos. Pero si no sabíamos nada al empezar, es imposible que los sepamos por haberlo repetido cincuenta veces. La repetición solo puede llevarnos a la ilusión. Si no lo sabíamos al principio, ¿qué puede suceder si lo repetimos mil veces? Una mentira no se vuelve verdad, aunque la repitas mil veces, sin embargo, eso es lo que hacemos. Usamos el mismo sistema cuando queremos engañar a alguien: repetimos las palabras. Y para engañarnos a nosotros mismos también.

Adolf Hitler escribió en su autobiografía que no hay ninguna mentira que no se convierta en verdad después de repetirla. Y tenía razón. Cuando repites una mentira muchas veces, empieza a parecer verdad. Y del mismo modo, todas las verdades que creemos saber solo son mentiras repetidas. Nos hemos convencido de que son verdad a base de repetirlas. Cuando repetimos algo, lo acabamos aceptando. Nos creemos que es verdad después de tanto repetirlo.

Estamos familiarizados con nuestro cuerpo. También estamos familiarizados con nuestro interior. Pero, en realidad, desconocemos nuestro cuerpo y nuestro interior. El primer paso en el viaje hacia la verdad es reconocer nuestra ignorancia; solo así puede empezar la peregrinación. La realidad es nuestra ignorancia, «no sabemos» y esto es un hecho. No es que yo te esté enseñando «que no sabes». No sabes y eso es un hecho.

En cambio, en la Tierra siempre te han dicho que puedes llegar a conocerte usando ciertos métodos. Te han dicho incansablemente que el conocimiento se adquiere con la repetición. Te han enseñado a repetir desde hace miles de años: «Soy Dios, soy el Todopoderoso, soy el alma, soy esto y aquello». Si lo sigues repitiendo durante varias vidas, acabarás creyéndotelo: «Yo soy eso». Pero si algo es mentira desde el primer momento, no puede convertirse en verdad en el último momento.

¿Qué estoy intentando comunicaros? Os ruego que no repitáis lo que digo, ni siquiera por equivocación, porque podría crearos la falsa impresión de conocimiento. ¿En qué estado está el ser humano en la actualidad? ¿En qué estado se encuentra su mente? El hecho indudable es que no lo sabemos. No sabemos nada. Sin embargo, no estamos dispuestos a aceptar esta falta de conocimiento, esta ignorancia. En el fondo, el hombre está incómodo porque no está dispuesto a aceptar su ignorancia.

Si alguien nos dice que no sabemos, inmediatamente nos defendemos. Si alguien apunta que no sabemos algo o que lo que estamos diciendo es un error, nuestro ego se siente herido. ¿Qué es lo que nos provoca esa sensación de dolor? A lo mejor es que alguien ha dejado en evidencia la realidad que estábamos intentado esconder. La habíamos escondido en el fondo de nuestro ser, debajo de muchas capas. Si alguien levanta un poco la primera capa, enseguida nos sentimos mal. Nos entran ganas de pelear, de discutir.

¿Por qué se han peleado todas las religiones a lo largo de todos estos años? Esta lucha solo ha sido por una cosa: porque todas las religiones dicen estar en posesión de la verdad. Y en cuanto llega alguien y dice «no lo sabes» o «estás equivocado», sacan las espadas y empieza la pelea. Como si matar fuera un argumento válido, como si quemar templos y mezquitas fuera la prueba. Las raíces de la ignorancia del ser humano son muy profundas, llegan hasta los cimientos, y todo el supuesto «conocimiento» se asienta sobre ella. Basta una brisa para que se caigan todas las etiquetas del ser humano, y este se enfurezca. Si le llevas la contraria, alimentas su rabia. Aunque te digo que, para dar un paso hacia la verdad, tienes que aceptar ese estado básico de ignorancia, aceptar que no sabes.

¿Por qué hago énfasis en este punto? Porque puedes ir de la realidad a la verdad, pero no puedes ir de los dogmas a la verdad. Podemos salir de la situación actual, de la realidad, siempre que sepamos y entendamos que somos ignorantes, que no sabemos nada. Entonces no seremos ni hinduistas, ni musulmanes, ni jainistas ni cristianos…, esa presunción forma parte de las personas supuestamente «cultas».

¿Cuál es la religión de una persona ignorante, cuál es su filosofía, cuáles son sus escrituras? Las personas cultas tienen escrituras, una filosofía, sectas. Una persona ignorante no puede tener una secta o una escritura. No tendrá una Gita ni un Corán. No tendrá a Krishna ni a Mahavira. Solo podrá decir «no lo sé». No se adhiere a nada, no insiste en nada, no está disputándose nada, no discute por nada. Recuerda que cuando alguien se atribuye un conocimiento no puede evitar discutir. Cuando alguien siente «yo lo sé», ese conocimiento mismo es una señal de que tiene cierta tendencia a la discusión, aunque asegure que no quiere discutir. Las personas con conocimientos siempre quieren discutir. Se mueren discutiendo.

Cuando alguien no se hace ilusiones sobre su conocimiento, puede estar más allá de la discusión. En cuanto desaparece la ilusión de «yo sé», empieza a aflorar cierta humildad. Aún no estás familiarizado con esa humildad tan extraordinaria. Se convierte en un niño. ¿Qué diferencia hay entre un niño y un anciano? Solo una: que el niño no sabe y el anciano sí. Pero el conocimiento del anciano es falso y el no conocimiento del niño es genuino.

El buscador recupera su infancia; se olvida de los recuerdos. Vuelve a estar en la situación de un niño. Las pequeñas piedrecillas resplandecientes llenan al niño de estupor. El trino de un pájaro le transporta a otro mundo. Una pequeña hoja que cae bailando le lleva a otra vida, a otra dimensión. El mundo del niño está lleno de colores, de canciones, de sonidos. Y siente que es extraordinario porque sus ojos están llenos de estupor.

La vanidad del conocimiento construye muros en torno a la persona y crea una gran fosa a su alrededor, una cortina de acero. Si se aprisiona ahí dentro, se separa del mundo exterior. Así deja de interactuar con la vida; la abundancia de la vida deja de fluir.

Un buscador tiene que recuperar la abundancia de la vida. Cuando se desprende de la capa protectora del conocimiento, la vida vuelve a ser rica. A mis amigos siempre les digo que yo predico la inocencia. El conocimiento se ha enseñado desde hace muchos siglos, y, a pesar de todo, no ha llevado al hombre a ninguna parte; solo ha ocasionado un problema tras otro. El ser humano ha recibido tantos conocimientos que eso es lo que le ha llevado directamente a su caída. Es muy poco probable que una persona de conocimiento pueda entender la vida. No puede hacerlo porque su ego está lleno de ideas. Esas ideas destruyen la humildad. Su corazón se endurece, se queda duro. Es difícil encontrar a una persona más rígida que una persona culta. Una persona de conocimiento, una persona culta, es extraordinariamente inflexible; los conocimientos provocan esa rigidez.

Os voy a contar una historia que me gusta mucho…

Había una feria importante. Alguien se cayó a un pozo que estaba cerca del lugar donde se celebraba la feria, y empezó a gritar:

—Sacadme de aquí, sacadme de aquí, ¡me estoy ahogando!

Era un pozo muy profundo, pero consiguió poner unos ladrillos para que el agua no le cubriera. En la feria había tanto estruendo que nadie oía sus gritos de auxilio.

Un monje budista pasó junto al pozo. Tenía sed y miró en su interior. Al oír los gritos que salían del fondo, se arrimó para mirar mejor. El hombre que se estaba ahogando, gritó:

—Querido fraile, sácame de aquí, por favor. Me estoy muriendo. Haz algo. Agárrame de las manos, me escurro.

—¿Por qué tienes tanto empeño en salir? —dijo el monje—. La vida es sufrimiento. Buda, Nuestro Señor, lo ha afirmado, ha dicho que la vida es sufrir, es sufrimiento ¿Qué vas a hacer cuando salgas del pozo? Aquí lo único que hay es sufrimiento. Buda también ha dicho que todo lo que te ocurre en esta vida es consecuencia del karma de tus vidas pasadas. En alguna vida pasada debes haber tirado a alguien a un pozo y por eso te has caído ahora. Tienes que afrontar las consecuencias de tus actos. Si las afrontas con distanciamiento, te liberarás de tu karma. No trates de salir sin necesidad.

El monje bebió un poco de agua y siguió caminando. Todo lo que había dicho era cierto; era lo que decían las escrituras. Pero las escrituras que había aprendido se interpusieron y le impidieron ver que delante de él tenía una persona que estaba a punto de morir. Una persona se estaba ahogando, pero el monje no se daba cuenta. Solo veía la doctrina del karma, la futilidad de la vida. Le echó un sermón al hombre que se estaba ahogando y siguió su camino. No hay nadie más inflexible que un predicador.

Cuando se estaba alejando, apareció otro monje, un seguidor de Confucio. Este también oyó la llamada de socorro. Miró dentro del pozo y le dijo al hombre que se estaba ahogando:

–Amigo, Confucio ha escrito en uno de sus libros que todos los pozos deberían tener una tapa y deberían estar rodeados de un muro para que nadie se caiga. Este pozo no tiene muro, por eso te has caído. Estamos recorriendo todos los pueblos para informar a la gente de lo que dijo Confucio, y para que le obedezcan estrictamente. Pero no te preocupes, querido amigo. Ahora mismo voy a crear un nuevo movimiento y se lo diré a la gente. Voy a ver incluso al rey para decirle que Confucio ha dicho que todos los pozos tienen que tener muros para que la gente no se caiga. En este reino los pozos no tienen un muro que los rodee, por eso se ahoga tanta gente.

El hombre que se estaba ahogando dijo:

–Todo lo que dices es cierto, pero cuando llegue ese momento, yo ya me habré muerto. Sácame de aquí ahora.

–No es una cuestión personal, no se trata solo de ti –dijo el monje–, es una cuestión que afecta a toda la población. Puedes estar orgulloso de ser el adalid de un nuevo movimiento. ¡Eres un mártir!

Los líderes siempre engañan a la gente diciendo: «Sois mártires. Moriréis y daréis comienzo a un nuevo movimiento. Vuestra muerte dará origen al socialismo, al comunismo; habrá democracia en todo el mundo. Vuestra muerte es necesaria. El individuo no tiene un valor, lo que tiene valor es la humanidad».

La humanidad solo es una palabra. Cuando conoces a alguien conoces a un individuo. La humanidad no existe. La humanidad solo es una palabra. Las escrituras hablan de la humanidad, pero, vayamos donde vayamos, solo hay individuos. Sin embargo, las personas que honran las escrituras, dicen: «Hay que salvar a la humanidad. No importa que tengamos que sacrificar a un individuo. Podemos sacrificar a un individuo, pero hay que salvar a la humanidad».

El hombre que se ahogaba siguió pidiendo ayuda. El seguidor de Confucio continuó hacia la feria y se subió a una plataforma. A su alrededor se reunieron miles de personas, y dijo:

–¡Mirad! Mientras los pozos no cuenten con un muro, la humanidad va a seguir sufriendo. Todos los pozos deberían tener un muro. Es un buen proyecto para el gobierno. Esto es lo que ha proclamado Confucio en sus libros.

Abrió un libro de Confucio por una página y se lo enseñó a todo el mundo.

El hombre se estaba ahogando y seguía pidiendo ayuda. Pero ¿quién podría oírle con tanto ruido? Cerca del pozo, pasó un misionero cristiano que oyó gritos en su interior. Se quitó rápidamente la ropa mientras sacaba una cuerda de su saco. Siempre llevaba una cuerda. La tiró dentro del pozo, y, a continuación, se tiró dentro de él y sacó al hombre salvándole la vida.

El hombre le dijo al misionero:

–Solo en ti he podido reconocer a un verdadero ser humano. Acaba de pasar un monje budista por aquí, y ha aprovechado para darme un pequeño sermón. También ha pasado un seguidor de Confucio que ha iniciado un nuevo movimiento. Míralo, ahí está inaugurando su nuevo movimiento encima de esa plataforma. Tú eres el único que se ha dignado a ayudarme. Te has portado muy bien.

El monje católico se echó a reír, y dijo:

–Yo no he hecho nada por ti. En realidad, eres tú el que me ha hecho un favor. Si no te hubieses caído al pozo, me habría quedado sin poder hacer una buena acción. ¿Sabes lo que dijo Jesucristo? Que «el servicio es el único camino hacia Dios». Y yo estoy yendo hacia Dios. Siempre me fijo en los pozos para ver si se ha caído alguien y ayudarle a salir. Si alguien está enfermo, estoy a su servicio. Si alguien tiene un problema en la vista, estoy ahí para llevarle la medicina. Si alguien tiene lepra, yo le cuido. Por eso siempre estoy viajando. Y llevo una cuerda por, si alguien se ha caído a un pozo, ayudarle a salir. Tú has hecho una buena acción porque el servicio es la única salvación. Sigue haciéndome favores y ayúdame a alcanzar la salvación. Esto ha quedado registrado en nuestras escrituras.

El hombre se equivocó al creer que el misionero estaba siendo amable con él. A nadie le importaba que se estuviese ahogando. Ni siquiera le vieron. Cada uno tenía sus propias escrituras y doctrinas. Todos se aferran a sus conocimientos. Entre una persona y otra, entre una persona y los océanos, entre una persona y la existencia, hay muros de supuestos «conocimientos». Tenemos que derribar esos muros, tenemos que demolerlos sin contemplaciones. Tenemos que hacer añicos cada ladrillo. Tenemos que llegar a un estado en el que sintamos que no sabemos nada. Esa es la única forma de relacionarse con la vida, no hay otra. Podemos conectarnos con la vida en este mismo instante, podemos vincularnos ahora mismo con ella. ¡Estoy diciendo ahora mismo! ¿Quién puede impedírnoslo? ¿Quién se puede interponer?

Kabir tenía un hijo llamado Kamaal, y un día le dijo:

–Tráeme un poco de hierba fresca del bosque.

Kamaal se fue al bosque por la mañana. Por la tarde aún no había vuelto, y Kabir le siguió esperando.

Al anochecer, Kabir empezó a pensar: «¿Qué estará haciendo Kamaal? Le he pedido que vaya a cortar un poco de hierba para alimentar a la vaca. ¿Dónde estará?».

Finalmente, se fue a buscarlo al bosque. Lo encontró de pie entre la hierba que le llegaba al hombro. El viento agitaba la hierba y Kamaal también se dejaba llevar por el vaivén. Kabir se acercó, le llamó y le dijo:

–Bobo, ¿qué estás haciendo?

Kamaal abrió los ojos y dijo:

–No he podido cortar la hierba. Cuando he llegado, la he visto a balancearse tan alegremente, los rayos de sol eran tan agradables, la brisa era tan fresca y la hierba estaba moviéndose con tanta alegría, que yo también he empezado a hacerlo. Me he sentido misteriosamente en comunión con la hierba. Solo me he dado cuenta de que era Kamaal cuando has llegado y me has zarandeado. Antes era como si formase parte de la hierba o como si fuese la hierba misma. Puesto que yo mismo era la hierba, ¿quién podía cortar a quién?

Tanto si Kabir lo entendió como si no, Kamaal dijo: «Me he convertido en la hierba». Cuando alguien se sienta a la orilla del mar sin conocimientos, al cabo de un rato descubrirá que se ha convertido en el mar. Se produce una comunión con el mar. Si se sienta junto a un árbol sin saber nada del árbol, sin vanidad, sin ego, al poco tiempo se dará cuenta de que se ha convertido en el árbol. Si se sienta junto a una flor, se convertirá en la flor. El conocimiento se interpone en nuestro vínculo con la naturaleza, el conocimiento impide que ocurra algo.

Cuando se produce este vínculo, empieza a mandar mensajes desde todas las direcciones; se podrían considerar mensajes divinos. El canto de los pájaros contiene más mensajes divinos que los Vedas. El ruido de las ramas resquebrajándose contiene un mensaje más profundo que el mensaje del Corán o de Mahavira…, es un mensaje que no se puede expresar con palabras. Estos mensajes surgen de tu silencio, pero tienes que desarrollar una cierta capacidad para poderlos oír. Necesitas ir con el corazón humilde y sencillo de alguien que se sabe ignorante, inocente, y no con la mente dura y rígida de una persona orgullosa de sus conocimientos.

Por eso siempre digo que el primer paso es volver a ser ignorante, convertirte en alguien que no tiene conocimientos. Entiéndelo, date cuenta. Es un misterio, pero el primer paso hacia el conocimiento es reconocer que no sabes nada. Cuando una persona sabe que no sabe nada, está yendo hacia el conocimiento. Puede que algún día sepa, puede ocurrir, pero para que esto suceda tiene que haber humildad. Y sin ignorancia no encontrará la humildad, es la única forma de encontrarla.

La primera máxima de un buscador es saber que no sabe. Es una forma de saber que no necesita escrituras. Las personas que leen las escrituras solo están poniendo un impedimento a este tipo de saber. Para adquirir este conocimiento no hace falta ir a ver a un supuesto gurú. Ellos solo te dan conocimientos, pero ¿cómo puedes alcanzar un atisbo del no saber? Para que esto ocurra no necesitas un *satsang* o la compañía de un gurú que solo te aportará palabras y enseñanzas. ¿Cómo puedes tener un atisbo de esto? Para que ocurra únicamente tienes que estar solo, cuando lo estés, comprenderás tu propia realidad en esa soledad.

Debes preguntarte constantemente: «¿Sé quién soy?». De tu interior surgirá una respuesta: «No, no lo sé». A veces las enseñanzas y dogmas que has aprendido te dirán: «Sí, sí lo sé». En ese caso analiza todas esas enseñanzas y pregúntate: «¿Realmente las entiendo o solo son algo que he leído y he oído? ¿Lo he aprendido en las escrituras? ¿Estas enseñanzas son meras palabras? ¿He tenido esa experiencia?». Hazte tú mismo estas preguntas, y te darás cuenta de que las enseñanzas se caen por su propio peso hasta derrumbarse.

Tus conocimientos no tienen una base. Se caen con un pequeño empujón, como si fueran un castillo de naipes. El conocimiento es como un barco de papel. En cuanto lo pones en el agua, se empieza a hundir. Aunque creamos que sí, el conocimiento, en realidad, no nos pertenece. El día que abras los ojos y te des cuenta, se desvanecerá por sí mismo. El día que nos demos cuenta de que nuestros conocimientos no tienen ningún valor, las puertas del amor se abrirán de par en par.

En la charla de hoy te pido que alcances ese estado de no saber. El sentimiento de inocencia es una bendición, es un estado de profundo agradecimiento. Deja que se vaya todo lo que has sabido hasta el momento, no vale nada. El no saber tiene una profundidad que el conocimiento no tiene. Por muy grande que sea, el conocimiento siempre puede expandirse más. El no saber es infinito; no puedes añadirle nada. Cuando sabes, siempre puedes saber algo más. Pero cuando no sabes, no sabes; no puedes añadir nada ni quitar nada.

San Agustín acuñó una nueva expresión para la percepción del no saber. Él lo denominó la «divina ignorancia». Es divina porque el ego no puede aferrarse a nada con la divina ignorancia. La ausencia de ego es el principio de la divinidad. Siempre que quede sitio para que el ego vuelva a encontrar el equilibrio, la divinidad será destruida.

Quiero que pienses en las cosas que estoy diciendo esta mañana, las observes, las reconozcas. Si puedes observar con claridad, podrás destruir la casa del conocimiento para construir el templo de la inocencia. El conocimiento tiene casas, pero la inocencia tiene templos.

Después de esta charla empezaremos la meditación de la mañana. Voy a explicar un par de puntos sobre esta meditación y luego comenzaremos a practicarla.

La meditación es un fenómeno verdaderamente sencillo. Todas las cosas importantes de la vida lo son. La verdad no es muy complicada. La complicación empieza con la mentira. La meditación es muy fácil, es un fenómeno francamente sencillo. No tienes que hacer nada en absoluto. Solo tienes que quedarte sin hacer nada durante un rato, en un estado de no hacer. No tienes que hacer absolutamente nada. Solo tienes que abandonarte un rato. Aquí tienes una magnífica oportunidad para hacerlo. Es un espacio tan maravilloso que es fácil abandonarse.

¿Cuáles son los indicadores del no hacer? El primer indicador es que tu mente no tiene la sensación de tener que hacer algo. Si al sentarte a meditar sientes que «Estoy meditando, estoy haciendo mi ritual, estoy rezando, estoy haciendo algo», esa misma sensación de hacer crea una tensión. La sensación de hacer siempre va acompañada de un sentimiento de inquietud; la sensación de no hacer, en cambio, siempre va acompañada de paz, de relajación. Al principio, cuando nos sentemos a meditar, notarás que todo el lenguaje está orientado en torno al hacer. Pero es un error, porque cuando meditas no hay posibilidad de hacer nada. Y, desafortunadamente, nuestro idioma, el lenguaje de los humanos, es el lenguaje del hacer. No hay un lenguaje del no hacer.

Hace unos ciento cincuenta años, había un gran monasterio en Japón. Era enorme. Tenía unos quinientos monjes, buscadores, que estaban realizando allí su práctica espiritual. El emperador de Japón estaba deseando conocer ese monasterio, y un día fue a verlo. Estaba diseminado por el bosque y las construcciones estaban alejadas entre sí. Uno de los monjes le enseñó al rey los diferentes edificios, y dijo:

–Aquí los monjes preparan la comida; aquí estudian; aquí cantan diversas canciones; aquí toman el baño; aquí hacen esto y aquello… y así sucesivamente. En el centro del monasterio había una sala muy espaciosa, pero el monje no la mencionó.

El emperador le preguntó varias veces por esa sala:

–Todo lo que me has contado está muy bien, pero ¿qué hacéis en la gran sala que está en el centro?

Cada vez que se lo preguntaba, el monje se quedaba callado, se hacía el sordo, como si no lo hubiera oído, y empezaba a hablar de otro edificio. El monje acompañó al emperador a recorrer todo el monasterio. Al pasar por la gran sala central, no dijo ni una sola palabra. Cuando terminaron la visita, volvieron a la entrada. El emperador estaba a punto de marcharse, cuando exclamó:

–O tú estás loco o lo estoy yo. He venido a este monasterio especialmente para ver esa sala, y no me dices ni una sola palabra acerca de ella. Te lo he preguntado varias veces, pero te has hecho el sordo. ¿Qué es lo que hacéis exactamente en esa sala?

El monje respondió educadamente:

–Me estás poniendo en una situación realmente incómoda. Me has preguntado varias veces «¿Qué hacéis en esa sala?», por lo que me he dado cuenta de que solo conoces el lenguaje del hacer, y por eso te he dicho: «¿Aquí tomamos el baño, aquí cocinamos, aquí comemos, aquí leemos». Te he hablado en términos de hacer, de acción. Ahora nos queda la pregunta de la sala central. Es muy difícil de responder, porque ahí no hacemos absolutamente nada. Cuando un monje no quiere hacer nada, se va a esa sala. Es una sala para meditar. Es nuestra sala de meditación. Pero cuando me preguntas «¿Qué hacéis ahí?», me siento incómodo. Si te digo que «aquí meditamos», estoy cometiendo un error, porque meditar no es hacer. En esa sala no hacemos absolutamente nada.

Todo lo que digo sobre la meditación es una digresión sobre el no hacer. A lo mejor repites «Rama, Rama», y lo llamas meditar; o rezas el rosario y lo llamas meditar; o dices el Gayatri Mantra y lo llamas meditar; o repites *namokar*, el mantra jainista y lo llamas meditar. Pero meditar no es ninguna de esas cosas. Si estás haciendo algo, no puedes llamarlo meditación. Aunque pases las cuentas del rosario, aunque digas «Rama, Rama», Gayatri, *namokar*, o cualquier otra cosa…, en ninguno de estos casos estás meditando. Cuando no estás haciendo absolutamente nada, cuando todo está en calma y en silencio, cuando todo está relajado, cuando todo el mecanismo de hacer se queda quieto, empiezas a entrar en el estado meditativo.

La meditación es no hacer. Entonces, ¿qué deberemos hacer cuando nos pongamos a meditar aquí? El primer paso para empezar a no hacer es darse cuenta de que «no estoy haciendo absolutamente nada». Debes tener una sensación clara de que «no estoy haciendo absolutamente nada». En el plano de las sensaciones, deberías sentir que «estoy centrado en el no hacer. Estoy en silencio. Voy a estar relajado sin hacer absolutamente nada». Esto es lo primero que tienes que notar.

Ahora viene el segundo punto; cuando estés sentado y completamente relajado, la brisa seguirá soplando, no se relaja. Los pájaros siguen trinando. Ese cuervo puede seguir graznando. El mar retumba. Las hojas de los árboles se bambolean con un sonido susurrante. Todo eso seguirá pasando. Aunque tú no hagas nada, el mundo sigue ocupado en sus propias acciones.

¿Cuál debe ser tu respuesta a todas estas acciones? Simplemente observarlas, estar atento. Si el cuervo grazna, escucha. Si el mar ruge, escucha. Si la brisa se mueve y agita los árboles, escucha el sonido. Estate atento a todo lo que ocurre a tu alrededor. Es una experiencia de tu mente observadora. Tú no tienes que hacer nada, simplemente escuchar. Recuerda que estar atento no significa hacer algo. Cuando te ves envuelto en una acción, tu conciencia se va a dormir. Tu conciencia se manifiesta cuando estás totalmente inactivo. La conciencia no es acción, es tu naturaleza humana básica. No es una acción, es tu estado natural. Es el espíritu del ser humano.

Siéntate en silencio absoluto junto a esos árboles, sin hablar, estando presente, completamente consciente. Tu respiración continúa sola; experimenta en silencio tu respiración. Oye cómo entra y sale el aire. Oye todo lo que hay a tu alrededor. Te sorprenderás de lo que sucede cuando estás atento a lo que oyes. Si estás tranquilamente escuchando, aunque solo sea un par de minutos, empezarás a sentir que te inunda un profundo silencio. Y al cabo de unos minutos, todo desaparece. Todo tu ser se llena de un profundo silencio y tranquilidad. En ese profundo silencio, si empieza a cantar un pájaro, lo oirás. Cuando el sonido desaparece, el silencio se hace más profundo. Nada puede interrumpirlo. Todo lo que ocurre a tu alrededor se convierte en una ayuda.

Cuando estás relajado y en silencio, los pensamientos también se calman. No tienes que aplacarlos. No tienes que ahuyentar ciertos pensamientos. Cuando una persona se sienta en silencio y es consciente de todo lo que ocurre a su alrededor, experimenta que los pensamientos desaparecen paulatinamente. Y eso puede ocurrir ahora mismo.

- Antes de que os sentéis… Vamos a dejar que haya suficiente espacio entre nosotros para no tocarnos. Este lugar es tan inmenso y hay tantos árboles que cada uno puede escoger el sitio que quiera. Deja una distancia para estar completamente solo e independiente. Aléjate un poco; sin tocar a nadie. Separaos… Sí, por favor, poneos delante. Así podéis estar más alejados el uno del otro.

- Dejad que haya sitio, alejaos de los demás. No habléis, por favor, no hace falta hablar. Moveos en silencio. ¿Por qué quieres privarte de la alegría de estar solo? Aléjate en silencio. Siéntate cómodamente. No hace falta que el cuerpo esté incómodo. Ponte como estés más cómodo. No hace falta que fuerces una determinada postura, ni te hostigues, ni te agobies. Ponte cómodo.

• Durante la meditación, si empieza a dolerte un pie, lo puedes mover con suavidad. Si se te cansa una mano, la puedes cambiar lentamente de posición. Cualquier cosa que sientas… No pienses que si mueves el cuerpo vas a interrumpir tu meditación. La meditación no tiene nada que ver con mover el cuerpo. Déjalo que se mueva; si la mente está en silencio y pasiva, no interferirá en la meditación. Pero si se te ha dormido un pie e intentas controlarlo a la fuerza, pondrás toda tu atención en el pie y no en otro sitio.

• Relájate por completo. Cierra suavemente los ojos, muy suave, para que no notes presión. Relaja los párpados, se cerrarán solos; déjate llevar. Ahora relaja el cerebro. No hay tensión… Relájate por completo. No estamos haciendo nada, solo descansar. La mente no debería estar cargada; déjate llevar. Relaja todas las tensiones de la mente como si abrieras un puño apretado. La mente no debería estar cargada.

• Ahora silencio… Ahonda en la sensación de no hacer: «No estoy haciendo nada…, no estoy haciendo nada…, no estoy haciendo nada…». Ahonda en esta sensación: «No estoy haciendo nada».

• Después escucha en silencio, la brisa, los pájaros… Escucha en silencio. Simplemente por el hecho de escuchar, la mente se quedará en silencio. En tu interior surgirá un profundo silencio. Te olvidarás de que estás aquí. Oirás la brisa, el mar, los pájaros, pero tú no estarás. Escucha… Simplemente escucha durante diez minutos…, tranquilamente, en silencio. Sigue escuchando en silencio.

(Una mujer se pone a gritar.)

• No habléis. Ayudadla a tumbarse. Dejad que se quede tumbada.

• Sigue escuchando en silencio. Escucha tranquilamente… La mente se irá calmando… La mente se irá calmando… La mente se quedará quieta… La mente se quedará completamente en silencio… Oyes la brisa, oyes los pájaros y tú has desaparecido… Disuélvete del todo. Ya no estás. Mira en silencio… Estás muerto. La mente se está quedando callada…

(Se oye el trino de unos pájaros, todo lo demás está en silencio.)

• La mente se está quedando en silencio… La mente se está quedando completamente en silencio absoluto… La mente se está quedando en silencio… La mente se está quedando en silencio. La mente se ha quedado en silencio absoluto. La mente está en silencio. Oyes la brisa, oyes los pájaros, pero tú has desaparecido. Disuélvete por completo. Todo se ha quedado en silencio. La mente se ha quedado en silencio. La mente está en silencio absoluto. La mente se ha quedado en silencio.

- Ahora respira profundamente varias veces ... Inhala muy despacio el aire, ... Abre poco a poco los ojos. Te parecerá que en el exterior hay el mismo silencio que en tu interior. Abre los ojos suavemente, lentamente...

- Me gustaría decir algo ahora cuando terminemos, y después de esto concluirá la sesión de esta mañana.

- Es posible que algunas personas se alteren cuando meditan. Los demás no os tenéis que preocupar. Puede ser una emoción incontrolable –alguien se puede poner a llorar o a reír–, pero los demás no os preocupéis. Tampoco hay que reprimir las emociones; si tienes que expresarlas, deja que salgan. Así serán más profundos los resultados que consigas; es muy bueno expresar los sentimientos. Si tienes que expresar alguna emoción, no te reprimas, por favor. Aquí todos los que estáis sois meditadores y podéis comprenderlo. Sea cual sea el caso, los demás no deben sentirse incómodos.

- Si se empiezan a acumular sentimientos en tu interior, no hace falta que los reprimas a la fuerza. Si te apetece llorar, llora. Si no puedes aguantarte las lágrimas, deja que salgan. Deja que la mente haga lo que quiera; si permites que salga todo lo que está estancado o reprimido, al despertarte, tu mente estará muy tranquila. Así que no te preocupes en absoluto por eso.

La sesión de esta mañana ha terminado.

3. La vida es un misterio infinito

Me han hecho varias preguntas sobre lo que hemos hablado esta mañana.

Un amigo ha preguntado:

> Osho, ¿el conocimiento es siempre un obstáculo para la vida espiritual? ¿Todas las escrituras son inútiles? ¿Es cierto que no se puede experimentar nada relativo al camino de la verdad por medio del conocimiento de los dogmas y de las enseñanzas?

Otros amigos han hecho varias preguntas muy parecidas.

> Un niño está jugando fuera de su casa. Ha salido el sol y los rayos bañan el jardín que rodea la casa. El aire es fresco, las mariposas vuelan entre las flores. El niño está tumbado en el césped jugando. «Puedo guardar estos rayos de sol, empaquetarlos y llevármelos», piensa el niño. Va a su casa y vuelve con una caja de cartón. Guarda en la caja rayos de sol y también aire fresco. Bailando alegremente, le dice a su madre:

−¿A que no adivinas qué tengo en la caja? ¡He metido rayos de sol y aire fresco!

Él no sabe que eso no se puede guardar en una caja. No se da cuenta de que, aunque se haya llevado la caja a casa, los rayos siguen estando fuera. Su madre se echa a reír y le dice:

−Abre la caja y enséñame los rayos que has cogido. No sabía que se pudiera guardar aire fresco en una caja.

El niño está convencido de que va a sorprender a su madre; abre la caja orgullosamente, pero cuando mira en su interior, se le llenan los ojos de lágrimas: solo hay oscuridad; no hay ni un solo rayo de sol y tampoco hay aire fresco. Se echa a llorar y dice:

−Yo los había guardado en la caja. ¿Dónde están?

En el terreno de la verdad, el ser humano también experimenta el aire fresco de la vida y los rayos de lo divino. Y cree que los puede guardar en la caja de los textos sagrados. Llena las cajas con gran esfuerzo, pero cada vez que alguien mira en su interior, solo encuentra palabras vacías, cajas vacías.

No puedes meter las cosas importantes de la vida en una caja; no puedes meter una experiencia en una caja. Las palabras son como las cajas. Intentamos atrapar con ellas todo lo que aprendemos en la vida para poder expresarlo. Intentamos atrapar lo que entendemos y lo ponemos en palabras. Pero en nuestras manos solo tenemos las palabras. Lo que hemos entendido se ha quedado fuera. No hay forma de atrapar y poner en palabras lo divino. Solo se puede experimentar a través del silencio; no hay forma de expresarlo en palabras. Solo podemos experimentar lo divino cuando estamos completamente vacíos. No hay forma de expresarlo a través de las escrituras.

Damos por hecho que el conocimiento se adquiere por medio de las escrituras, pero solo son palabras vacías. Las personas que dijeron inicialmente estas palabras por compasión y amor creían que podían expresar con palabras todo lo que habían aprendido. Pensaban que toda la humanidad debía saber lo que habían aprendido. Pero solo son palabras vacías, cartuchos vacíos. No se puede transmitir la experiencia a través de las palabras. Si no lo has experimentado personalmente, las palabras son como un cartucho vacío, no tienen ningún significado.

Coleccionamos palabras como *brahman*, lo absoluto; *advait*, la no dualidad; *sat-chit-anand*, la verdad, la conciencia y la dicha. Hemos coleccionado muchas palabras de este tipo. Las hemos metido en nuestras cajas y así creemos que las entendemos. Esta ilusión es el obstáculo que nos impide entender. Por eso he dicho que el conocimiento no te llevará a la puerta de lo divino; solo podrás llegar ahí cuando te des cuenta de que «no sé nada».

Con las palabras tienes la ilusión de saber algo. Las escrituras y las enseñanzas te hacen creer que sabes. Un buscador tiene que ser valiente; tiene que tener el coraje de renunciar a las palabras para conocer la verdad. ¿Qué es lo que sabemos? Solo sabemos combinaciones de palabras, nada más. Hemos conservado ese conocimiento en nuestro interior y eso ha fortalecido nuestro ego, al que consideramos como nosotros mismos. Empezamos a pensar «Soy alguien», porque nuestro «yo» sabe algo. Esta inmensa roca del «yo» cada vez pesa más y se convierte en una carga. Quizá acumulemos todas esas palabras para sentir que «soy alguien», «sé algo», y «no soy un ignorante».

Sin embargo, tengo que decirte una cosa: puedes estar seguro de que todo lo que refuerza tu ego es un impedimento para tu búsqueda de la verdad. Todo lo que refuerza tu «yo», todo lo que lo consolida, lo que crea la ilusión de que el «yo» existe, es un obstáculo, una piedra en el camino.

Un día un padre estaba con su hijo en la orilla del mar, como estamos hoy nosotros. Estaba empezando a oscurecer. El padre señaló con el dedo el sol que se estaba poniendo, y dijo:

—Vete, vete.

El sol bajó un poco más y desapareció. El hijo se quedó asombrado al ver el poder que tenía su padre, porque ¡era capaz de decirle al sol que se pusiera, lo acababa de ver! El niño le miró, lo agarró por los hombros y le dijo:

—Papá, ya que tienes tanto poder, hazme un favor…, repite ese truco, vuelve a hacerlo.

El padre estaba en un aprieto, pero las personas listas siempre encuentran una salida.

—Es un truco tan difícil que solo se puede hacer una vez al día. Mañana por la tarde te lo volveré a hacer —le dijo.

A los ojos de un niño, el padre sabe muchas cosas y es fuerte. Un profesor es muy culto y tiene mucho poder a los ojos de un alumno. Los adultos se jactan de sus conocimientos ante los niños, y cuando lo hacen, refuerzan su ego. Sin embargo, no podemos engañar a la vida. Podemos engañarnos a nosotros mismos completamente. La única intención que hay detrás de todo conocimiento es jactarnos: «soy alguien», «conozco a alguien», «tengo poder», «no soy ignorante», «no soy débil». Pero ¿cuál es la realidad? La realidad es que nosotros y nuestros conocimientos desapareceremos como las hojas que se lleva el viento. Nosotros y nuestros conocimientos somos como un castillo de naipes que se destruye con una brisa. ¿Qué profundidad tiene el conocimiento del ser humano? ¿Cuál es la fuerza y el poder que hay detrás de la vida misma del hombre?

¿Qué sitio ocupa el ser humano en este vasto universo? ¿Cuál es su poder? Es inconcebible que la luna y las estrellas sepan de nuestra existencia. La luna y las estrellas están lejos, pero ¿los árboles que nos rodean son conscientes de nuestra existencia? La cima de los árboles está muy lejos, pero ¿la arena que está aquí es consciente de nuestra existencia? ¿Qué sentido tiene para la vasta existencia nuestra supervivencia, mi supervivencia como especie o la tuya?

El hombre se ha inventado un ego falso. La ilusión más profunda y arraigada de nuestro ego es creer que sabemos la verdad de la vida. Pero no sabemos la verdad, para nosotros, la vida es una absoluta desconocida.

Un amigo me ha dicho:

> Osho, quizá el ser humano no sepa algunas cosas importantes, pero, por lo menos, sabe algunas.

No hay ninguna diferencia ni ninguna distinción entre las cosas más importantes de la vida y las menos importantes. No se trata de que el sol sea grande y la lámpara sea pequeña; ni siquiera un guijarro es pequeño; el misterio de la existencia está presente por igual dentro de un guijarro o en el inmenso Himalaya. Una gota de agua contiene tanto misterio como el océano Índico. La idea de grande y pequeño solo está en la mente del hombre. La existencia no hace diferencias entre grande y pequeño.

Me contaron que…

> Una noche, el sol estaba a punto de ponerse por occidente, y dijo en voz alta:
>
> —Ya me voy, y ahora descenderá la oscura noche. ¿Quién va a seguir luchando en mi lugar? ¿Quién va a luchar contra la oscuridad?
>
> La luna se quedó callada, las estrellas se quedaron calladas, pero una lamparita de barro dijo:
>
> —Yo seguiré luchando toda la noche hasta que vuelvas —y la lamparita luchó el resto de la noche contra la oscuridad.

Aunque el sol sea enorme, ¿acaso no has visto a una lamparita luchar contra la oscuridad? ¿No has visto una lamparita brillando con su llama en medio de una tormenta? Esa llama contiene tanta luz como el inmenso sol. ¿Qué es lo grande y qué es lo pequeño?

Un poeta dijo que si era capaz de entender completamente a una pequeña flor sería capaz de entender el mundo, el universo, la vida. ¡Solo una flor! Si un hombre puede entender completamente a una flor, no hace falta que entienda nada más.

¿Podemos entender el mar entendiendo una gota de agua? ¿Podemos entender la existencia de la vida en su totalidad viendo un grano de arena? No, pero el hecho es que no sabemos nada y que lo que llamamos «conocimiento» no es verdadero «conocimiento». Es simplemente una relación temporal, utilitaria, que nos hace creer que sabemos.

Hay un científico del que me encanta hablar: Edison…

Edison fue a un pequeño pueblo. Había inventado mil artilugios a lo largo de su vida. Seguramente, era el científico con más inventos, ¡mil inventos! Y no había nadie que supiera más que él sobre el principio de la electricidad.

Un día se acercó a un pueblo donde no le conocían. Había una pequeña exposición en el colegio. Los niños habían fabricado juguetes y juegos. Los alumnos de ciencias habían construido juegos y juguetes eléctricos: un barquito, una vía de tren y un coche. Los niños estaban entusiasmados explicando cómo los habían hecho.

Mientras estaba dando un paseo, Edison decidió acercarse a ver la exposición de la sección de ciencias. Los niños intentaron explicarle cómo funcionaba el barco con electricidad. Edison les observaba feliz, estaba asombrado. Y los niños estaban entusiasmados. El anciano Edison les pregunto de repente:

–Todo eso que decís sobre el barco y la vía de tren que funcionan con electricidad está muy bien, pero no sé si sabréis contestarme a esta pregunta. Es una cuestión que me da vueltas en la cabeza: ¿qué es la electricidad?

Los niños respondieron:

–¿La electricidad? Podemos hacer que el barco funcione, pero no sabemos qué es la electricidad. Se lo preguntaremos a nuestro profesor.

El profesor era licenciado en ciencias, pero tampoco supo contestar.

–Sé cómo funciona la electricidad, pero no sé qué es. ¿Podéis esperar un momento? El director del colegio ha estudiado ciencias y tiene el doctorado. Le voy a llamar.

Llamaron al director. No sabían que quien tenían delante era Edison, la persona que más sabía sobre electricidad. Llegó el director e intentó comprender la pregunta.

–No estoy preguntando cómo funciona la electricidad –dijo Edison–. Estoy preguntando si está compuesta de varias cosas. Estoy preguntando qué *es* la electricidad.

–Lo siento, pero no lo sé –dijo el director. Se quedaron todos preocupados y perplejos.

El anciano se empezó a reír, y dijo:

–Es probable que no lo sepáis, pero yo soy Edison. ¡Y yo tampoco sé qué es la electricidad!

Esto es humildad. La humildad es la primera condición para ser un buscador de la verdad. Edison fue capaz de reconocer que él tampoco sabía lo que era la electricidad. Esta es una cualidad de una mente religiosa: aceptar el infinito misterio de la existencia. Cuando alguien acepta el misterio de la existencia, no presupone que tiene conocimientos, porque son dos cosas contradictorias. Cuando alguien afirma que sabe, lo que realmente está diciendo es: «En la vida no hay misterio. Como lo sé todo, la vida no tiene ningún misterio para mí». Cuando una persona dice que «no sabe», lo que está diciendo, en realidad, es que la vida es un misterio, que la vida es un misterio infinito.

¿Por qué insisto tanto en la inocencia del individuo? Para que sigas recordando el misterio de la vida. La vida no es misteriosa para una persona culta; en cuanto sabes, el misterio desaparece. Desde hace miles de años las escrituras religiosas han destruido el misterio de la vida. Describen las cosas como si las conocieran. Si les preguntas «¿Quién creó el mundo?», te contestan con una frase hecha: «Lo ha creado Dios». Otras incluso dirán: «Dios lo creó en seis días y el séptimo descansó». Hay otros que incluso saben la fecha exacta del día de la creación. Dicen que la vida se creó cuatro mil años antes de Cristo, en tal y tal fecha. Esas personas siempre tienen respuestas para todo.

¿Cómo puede saber el ser humano cuándo se creó la vida? El ser humano surge de la nada en medio de la eternidad, ¿cómo va a saber cuándo empezó la vida? ¿Cómo pueden saber las olas del mar cuándo se creó el mar? Las olas solo existen desde que existe el mar. Antes de que existiera el mar, no había olas. ¿Cómo pueden saberlo?

¿Cómo puede saberlo el hombre? ¿Cómo puede saber alguien cuándo empezó la vida? Es imposible, pero las personas instruidas son muy vanidosas. Siempre tienen una respuesta preparada. No se niegan a responder a ninguna pregunta. Nunca dicen «no lo sé». Pregúntales lo que quieras, sus escrituras religiosas tienen respuesta para todo.

Por eso digo que un científico puede llegar a la verdad de la vida, porque la mente científica es humilde. Pero los eruditos religiosos nunca podrán alcanzar esa divinidad porque tienen respuestas para todo; lo saben todo, son omniscientes, lo saben absolutamente todo. Los conocimientos de estas personas matan todo el misterio de la vida. Por desgracia, no son conscientes de ello; esta es la causa de que esté desapareciendo la religión de la vida humana. Tiene que haber una sensación de misterio para que el hombre se acerque a la religión. Por eso, esta mañana os he dicho que el hombre tiene que ser consciente de que no sabe, eso es inevitable. Si no se da cuenta de su ignorancia, no podrá seguir avanzando.

Un amigo me ha preguntado:

Osho, ¿es posible que alguien no pueda emprender el camino espiritual por una circunstancia determinada?

No conozco las circunstancias personales de la persona que hace la pregunta, pero me imagino que no hay ninguna situación que te imposibilite emprender el viaje espiritual. El hombre siempre pone como excusa las circunstancias... Somos expertos en inventar excusas. Cuando no queremos hacer algo, nos inventamos una excusa.

Estaban construyendo un templo. Los habitantes de los pueblos vecinos se ofrecieron para ayudar con los trabajos. El organizador fue a los pueblos colindantes y le pidió a la gente que fuera a ayudar. Unos podían llevar ladrillos, otros podían empezar a construir con ellos, otros podían llevar piedras, otros podían preparar el barro, y así construir el templo entre todos. Cuando alguien construye un templo solo, lo puede convertir en una hazaña de su ego particular, el templo de su ego. Pero estos aldeanos eran personas muy prácticas. Cuando la gente va a un sitio con amor, convierte cualquier lugar en un templo. Vinieron habitantes de poblados lejanos a construir el templo; no se había construido con ladrillos y piedras alrededor del ego de una persona.

Los trabajos ya habían empezado cuando se acercó alguien al terreno y se quedó allí callado, con aspecto desolado. No hacía nada; solo estaba de pie debajo de un árbol. Un par de obreros se le acercaron y le preguntaron:

—Amigo, ¿no quieres echarnos una mano? ¿Nos quieres ayudar?

—A mí también me gustaría contribuir con mi trabajo en la construcción de este templo de Dios —dijo el hombre. Querría tener esa satisfacción. Pero ¿qué puedes hacer cuando tienes el estómago vacío? Tengo hambre. ¿Cómo se puede trabajar con el estómago vacío?

Ellos entendieron lo que les estaba diciendo. Se lo llevaron al pueblo y le dieron de comer. Después volvieron a llevarle al solar. Se pusieron a trabajar mientras el hombre seguía esperando debajo del árbol como le habían visto por la mañana. Un poco más tarde, se dieron cuenta de que seguía allí con cara de infeliz. No había levantado un ladrillo ni una piedra. Se volvieron a acercar y le preguntaron:

—¿Qué pasa? ¿Por qué no colaboras?

—Yo también quiero trabajar en la construcción de este templo divino. Pero ¿cómo voy a trabajar con el estómago lleno?

Por la mañana tenía el estómago vacío y no podía trabajar; y ahora que lo tenía lleno, tampoco podía trabajar. Entonces, ¿cuándo iba a trabajar?

Hay personas que no pueden empezar la búsqueda espiritual porque son pobres, y otros no pueden empezar la búsqueda espiritual porque son ricos. Unos no pueden dar un paso en esa dirección porque tienen el estómago vacío, otros dicen que con el estómago lleno no pueden emprender el viaje. He visto a gente en muchas circunstancias distintas, pero siempre son las circunstancias las que les impiden hacer algo. ¡Hasta ahora no he encontrado a nadie que diga que puede hacer algo *gracias* a sus circunstancias!

Por supuesto, el motivo es otro…, no son las circunstancias, es otra cosa. Siempre encontramos una justificación para no hacer algo, siempre encontramos una explicación lógica, y así estamos en paz. ¿Qué situación nos impide ser cariñosos? ¿Qué situación nos impide estar en silencio y en paz un rato? Si alguien quiere empezar un viaje espiritual, puede hacerlo en cualquier situación y bajo cualquier circunstancia.

El rey de Yunnan sentenció a muerte a su primer ministro. Esa tarde, los soldados marcharon hasta su casa para rodearla. Le dijeron que estaba arrestado y que el rey había ordenado su muerte en la horca esa tarde a las seis.

Era el cumpleaños del ministro, y sus amigos habían organizado una cena para celebrarlo en su casa. También invitaron a un importante músico que acababa de entrar en la casa con su *veena*. El programa musical estaba a punto de dar comienzo.

Al oír el mensaje de los soldados, el músico se puso nervioso y apartó su instrumento. Los amigos del ministro también estaban tristes y su mujer empezó a llorar. Pero el ministro dijo:

—Todavía nos queda mucho tiempo hasta las seis. El músico tendrá tiempo de tocar una de sus piezas. El rey ha tenido la gentileza de no ahorcarme hasta las seis. ¿Por qué ha dejado de tocar la *veena*? ¿Por qué estáis todos tristes? Todavía nos queda mucho tiempo hasta las seis. Vamos a seguir festejando hasta entonces.

—¿Cómo vamos a disfrutar de la comida? —preguntaron sus amigos.

—¿Cómo voy a tocar la *veena*? —preguntó el músico—. Esta situación no invita a tocar.

El ministro, que estaba a punto de morir, se rio.

—¿Qué situación podría ser más favorable? Voy a morir hoy a las seis. ¿No está bien que escuche música antes de morir? ¿No está bien que me divierta con mis amigos? Tendré que despedirme a las seis. ¿Acaso no está bien que vea a mis amigos y convierta mi casa en una fiesta? —El ministro siguió diciendo—: ¿Puede haber una ocasión más propicia? Ya que me voy a tener que despedir de todos vosotros para siempre a las seis, ¿por qué no voy a hacerlo escuchando música? ¿Por qué no voy a celebrarlo con mis amigos? ¿Está mal que se convierta la casa en una fiesta? Está mal que mis amigos se acuerden de estos últimos momentos, de este último adiós que estoy sintiendo?

Y continuaron con el programa musical en la casa; a continuación vino la cena, a pesar de que la gente y el músico estuviesen tristes y preocupados. Esta noticia llegó a oídos del rey. Compareció allí personalmente para ver si el ministro se había vuelto loco. A llegar a la casa oyó la *veena* y vio a todos los invitados que se habían reunido para festejar. El monarca, al entrar en la casa y ver al ministro sentado alegremente, le preguntó:

–¿Te has vuelto loco? ¿No has recibido la noticia de que estas sentenciado a morir en la horca hoy a las seis?

–Sí, lo sé –contestó el ministro–, y por eso he decidido celebrarlo al máximo. No podemos reducir la intensidad de la vida porque a las seis me tenga que ir. Hemos decidido celebrarlo al máximo hasta las seis, para que los últimos momentos de mi vida sean recordados para siempre por todos los que están aquí.

–Es absurdo ahorcar a alguien así –dijo el rey–. No se puede condenar a muerte a alguien que sabe vivir. Retiro la sentencia. No es justo matar a una persona tan adorable.

Lo correcto en la vida no depende de las circunstancias, depende de cómo afrontes esas circunstancias…, de tu actitud, de tu perspectiva. No conozco ninguna situación de esta vida que pueda impedirte emprender el viaje hacia la verdad. Lo único que puede impedírtelo eres tú mismo, pero eso es otra cuestión. Si ese es el caso, cualquier situación puede impedírtelo; pero si tú no quieres impedirlo, no ha habido, no hay, ni habrá, ninguna situación que pueda impedírtelo. Intenta analizar tu actitud conscientemente; no culpes a la situación. Observa conscientemente si tu perspectiva es errónea; si tu apreciación de la situación es errónea; si tienes un enfoque equivocado de la situación; si estás viendo las cosas desde otro punto de vista.

Esto me recuerda algo…

Había una monja en Corea. Una noche se equivocó de camino y llegó a un pueblo. En vez de ir al sitio donde quería ir, se perdió por el camino y llegó a otro sitio. Se acercó a una casa y llamó a la puerta. Era medianoche. Abrieron la puerta. Los habitantes de ese pueblo tenían otra religión. La persona de la casa cerró la puerta diciendo:

–Mujer, no eres bienvenida en esta casa, no reconocemos tu religión. Vete a otro sitio. Seguramente, no te abrirá nadie la puerta, porque la gente de este pueblo tiene otra religión. Somos enemigos de la tuya. Debes saber que nuestras religiones están enfrentadas. Nuestro pueblo pertenece a una religión, y el pueblo siguiente pertenece a otra. Las personas de una religión no dan cobijo a alguien de otra religión. No queremos a los que pertenecen a otra religión, ni confiamos en ellos.

La gente suele cerrar la puerta por la noche. En ese pueblo, todas las puertas estaban cerradas. La monja llamó a tres o cuatro casas, pero nadie le abrió. Era una noche gélida y la mujer estaba sola. ¿A dónde podía ir? Las personas supuestamente religiosas, sin embargo, no piensan en términos de valores humanos. Enseguida piensan que alguien es hinduista, musulmán, budista o jainista. Nadie valora a una persona como un simple ser humano.

La mujer tuvo que abandonar el pueblo en mitad de la noche y durmió debajo de un árbol a las afueras. Después de un par de horas, se despertó y abrió los ojos porque tenía frío. El cielo sobre su cabeza estaba lleno de estrellas. El árbol bajo el que se había acostado había florecido y el aroma de las flores que se habían abierto por la noche inundaba todo el aire a su alrededor. Las flores relucían y palpitaban mientras se abrían. Se quedó en silencio observando este florecimiento durante media hora.

Siguió mirando las flores que se abrían y las estrellas del cielo. Luego fue corriendo al pueblo y llamó a las mismas puertas que no habían abierto. La gente se preguntaba quién estaría llamando en mitad de la noche. Abrieron la puerta y se encontraron a la misma monja.

–Ya te hemos dicho que estas puertas no están abiertas para ti. ¿Por qué has vuelto?

Los ojos de la monja estaban bañados en lágrimas de agradecimiento.

–Esta vez no he venido a pediros que me abráis la puerta –dijo–. No he venido a quedarme. Solo he venido a daros las gracias. Si me hubieseis dejado entrar en vuestras casas, me habría perdido las tintineantes estrellas y el florecimiento del árbol. Solo he venido a daros las gracias. Quiero daros las gracias por cerrar la puerta, porque eso me ha permitido dormir a cielo raso. Ha sido una suerte que me hayáis empujado a dormir fuera. Cuando lo hicisteis, pensé que erais malas personas. Pero ahora quiero deciros a todas las personas de este pueblo que sois muy buenas; he venido a agradecéroslo. ¡Dios os bendiga! Gracias a vosotros, he vivido una noche llena de experiencias.

»Esta noche he experimentado la dicha, he visto cómo se abrían las flores. Y estas experiencias han hecho que mi espíritu se abra y florezca. En esta noche callada, he visto las estrellas del cielo, y ha sido como si se abriera el cielo en mi interior y me revelara todas las estrellas. He venido a daros las gracias por todo esto. Los habitantes de este pueblo sois personas maravillosas.

En realidad, las cosas no dependen de las circunstancias. Todo depende de cómo nos relacionemos con ellas. Todo el mundo debería aprender a afrontar cualquier situación. De ese modo, una piedra en el camino se puede convertir en un peldaño. Si estás acostumbrado a ver las cosas desde una perspectiva equivocada, hasta un peldaño te puede parecer un obstáculo en el camino. Una piedra puede ser un peldaño, pero convertimos el peldaño en una piedra. Podemos convertir una oportunidad en una desgracia y una desgracia en una oportunidad. Todo depende de cómo nos lo tomemos, de cómo lo asumamos, de nuestra perspectiva, de nuestra visión de la vida, de nuestra forma de manejarnos y ver la vida.

Mira la vida con los ojos llenos de esperanza. Un buscador que no tiene esperanza en la vida, no podrá avanzar en su camino. Tienes que ver la vida con esperanza. Un buscador que no tiene valentía para ver la vida, no podrá progresar ni avanzar en su camino. Mira la vida con esperanza, con esperanza infinita. Si la miras con impaciencia o vas demasiado rápido, no podrás avanzar ni un centímetro. Tienes que mirarla con paciencia, con paciencia infinita, pensando que si algo no ha ocurrido hoy, puede ocurrir mañana o pasado mañana. Hay que tener paciencia y esperanza.

El hombre va por un camino desconocido, en el camino de la soledad no hay mojones que marquen la distancia que ha recorrido. No hay multitudes a su alrededor para constatar su progreso. Tiene que recorrer el camino de la verdad solo. Sin una paciencia infinita, sin esperanza, sin un enfoque alegre de la vida, sin una mente llena de devoción, le costará mucho esfuerzo avanzar.

Hay que entender un par de puntos relacionados con esta cuestión. Me quedan algunas preguntas por contestar, pero lo haré mañana. Cuando entendamos estos puntos, empezaremos la meditación de la noche.

He dicho que un buscador tiene que tener una actitud de esperanza. En general, nuestra actitud carece de esperanza. Siempre nos fijamos en la parte oscura de las cosas. Siempre elegimos una perspectiva desde la que las cosas son tristes, complicadas, negativas.

Un día, un hombre fue a un pueblo que no conocía.

–Estoy buscando a este individuo –dijo–. Sé que toca maravillosamente la flauta.

La persona con quien hablaba le dijo:

–Olvídate. ¿Cómo va a tocar la flauta si es un ladrón y un mentiroso; no es de fiar. ¿Cómo va a tocar la flauta? Es el ladrón más grande de nuestra comunidad.

–Entonces, ¿cómo pregunto por él? –dijo el forastero–. Tengo que localizarlo. Tendré que decir: «¿Dónde está el mayor ladrón de vuestra comunidad?».

–Si lo buscas así, a lo mejor consigues encontrar su dirección –le respondió el hombre.

Fue a otro habitante del pueblo y le dijo:

–Estoy buscando a alguien de este pueblo que es un gran ladrón, un mentiroso. No es honrado, pero sabe tocar tan bien la flauta que no puedo creer que diga mentiras y sea un ladrón.

Una persona toca la flauta y otra piensa que no puede robar tocando tan bien la flauta. Otro piensa que es un ladrón, un miserable ladrón, y que es imposible que toque la flauta.

Todo depende de cómo lo veamos, de la perspectiva que tengamos. ¿Qué buscamos en la vida, en la gente que hay alrededor, en las circunstancias, en las situaciones que nos rodean? ¿Buscamos la luz, buscamos la cara luminosa o la cara oscura? ¿Qué es lo que buscamos? ¿Buscamos rayos de luz o buscamos rincones de oscuridad? Cuando vemos unas flores, ¿contamos las flores o las espinas? Cuando nos sentamos con alguien, ¿lo vemos a través de un cristal de apreciación o de condena? ¿Qué estamos buscando? Poco a poco, construimos un sentimiento en nuestro interior que se corresponde con el punto de vista que hayamos adoptado.

Un buscador debe tener una clara visión de esperanza. Debería ver el lado bueno de las cosas. Debería ver lo bueno de cada situación. Debería ver la flor dentro de un denso bosque de espinas. Y las espinas desaparecerán de su camino. Cada día irá encontrando nuevos caminos más profundos que le conducen a las flores.

No es de extrañar que tengamos lo que buscamos. Recibimos lo que estamos buscando. Por lo tanto, deberíamos reconsiderar nuestra situación. ¿Tenemos posibilidades de que suceda algo bueno en nuestra situación actual? ¿Tenemos posibilidades de forjar una amistad? ¿Hay algo en las circunstancias que nos ayude a abrir alguna puerta? Si investigamos, siempre encontraremos algo. Pero si no lo hacemos o buscamos las cosas equivocadas, nunca encontraremos nada.

Un hombre se ha hecho daño en un pie…, está muy alarmado y triste, y empieza a culpar a Dios. Va a un rascacielos de Nueva York. Al entrar en el ascensor ve que dentro hay otro hombre sentado en una silla, riéndose y cantando una canción, ¡pero no tiene piernas! Él estaba acusando a Dios porque se había hecho un poco de daño en un pie. Entonces, le pregunta:

–Amigo, ¿qué motivos tienes para estar cantando y riéndote a pesar de que te faltan las dos piernas?

–Todavía tengo dos ojos y dos brazos –respondió el hombre–. He visto a una persona que ha perdido los dos brazos; también he visto a otro que ha perdido la vista. Yo he perdido las dos piernas, ¿y qué? Tengo dos brazos y tengo dos ojos. Tengo todo lo demás. ¿Debo insultar a Dios por quitarme las dos piernas o debo darle las gracias por todo lo que tengo? ¿Qué debo hacer?

¿Deberíamos estar agradecidos a la existencia por todo lo que tenemos o deberíamos quejarnos por lo que no tenemos? Todo el mundo tiene que tomar esa decisión. Puede quejarse o puede dar las gracias, nadie le dirá lo que tiene que hacer. Pero entre las dos situaciones hay un abismo. Y, hagas lo que hagas, tendrás que cargar con ello. Cuando una persona se queja, cada día está más triste. Está decepcionado. Cuando alguien da las gracias, cada día está más feliz. Se llena de esperanza y de felicidad. Una persona llena de esperanza puede avanzar, pero si la ha perdido, por mucho que ponga un pie delante del otro, irá hacia atrás. Por eso digo que analices tu propia situación y veas si puedes estar esperanzado.

En segundo lugar: ¿no puedes liberarte de tus circunstancias, aunque solo sea durante unos minutos en veinticuatro horas? El sueño te libera todos los días. Tus circunstancias se quedan fuera mientras duermes. No eres pobre ni rico. No estás contento ni triste. El sueño te lleva a un punto en el que estás fuera del alcance de las circunstancias. ¿No puedes dejar de identificarte con ellas un momento? Recuerda que si alguien puede dejar de identificarse con sus circunstancias conscientemente –aunque solo sea unos instantes– sabrá el secreto de estar por encima de ellas para siempre. Si consigue no identificarse un instante, habrá entendido que la conciencia humana puede estar para siempre por encima de las circunstancias.

Primero es de noche y luego llega la mañana. Sale el sol y luego se hace de noche. Todo eso ocurre a tu alrededor, pero tú puedes permanecer al margen de todo esto. Cuando entiendas esta separación, cuando seas consciente de las subidas y las bajadas, de que las estaciones vienen y van, entonces sabrás que «estoy al margen del flujo de la vida, solo y distante. Llega el verano, llega el invierno, llega la lluvia y vuelve el verano. Pero nada de esto me afecta ni me cambia. Simplemente, permanezco donde estoy, las situaciones llegan y son cambiantes». Si un día llegas a entenderlo, aunque solo sea un instante, a partir de ese momento dejarás de estar apegado a las situaciones el resto de tu vida.

Por eso tenemos que desarrollar esta capacidad de mantenernos al margen de las circunstancias, aunque solo sea un momento. No tiene sentido quejarnos de la situación. La meditación es apartarse un momento de las circunstancias. Meditar significa mantenerse al margen de las circunstancias un momento, guardar las distancias, elevarse y estar por encima de ellas, como si viajaras en avión viendo los árboles y las montañas que están debajo. Del mismo modo puedes adentrarte en el vacío de la meditación.

Y del mismo modo, en la meditación puedes dejar atrás tus circunstancias, tu casa, tu familia. Tu conciencia se eleva en otra dirección distinta. Entonces entiendes que evidentemente estas rodeado de circunstancias, pero, al mismo tiempo, fuera de ellas. Del mismo modo que las nubes tapan el sol, las circunstancias nublan la conciencia de los seres humanos, pero la conciencia siempre está por encima de las circunstancias. Por medio de la meditación puedes experimentar que estás por encima de las circunstancias, apartado de ellas.

No le eches la culpa a las circunstancias; busca una salida. En el mundo no hay ninguna situación y ningún lugar que no tenga un camino que conduce a la divinidad. Es posible que el camino sea abrupto y pedregoso. Puede haber algún conflicto –siempre se rompe algo o hay alguna lucha–, pero no hay ningún sitio desde el que no puedas acceder a la divinidad.

Y para terminar, quiero deciros que cuando las personas tienen que recorrer un camino difícil, el tipo de satisfacción que sienten al alcanzar su destino es distinto. Es una alegría distinta; la historia y la maravilla de su logro o su triunfo es de otro tipo. No tengas miedo. Aunque vayas por un camino difícil, es posible que descubras arroyos de agua dulce. Si sigues avanzando lleno de expectación y esperanza, acabarás llegando a tu destino.

Ahora voy a hablar un poco de la meditación de la noche y después nos sentaremos a meditar. La meditación de la mañana se hace al despertarte. La meditación de la noche se hace antes de irte a dormir.

Debes tener en cuenta dos cosas sobre esta meditación. La noche es una oportunidad misteriosa, es una gran ocasión. Si después de meditar puedes irte a dormir, un poco más tarde se volverá meditativa toda la noche, se transformará. Si tu conciencia está en estado meditativo al irte a dormir, gradualmente, toda la noche y tu sueño pasarán a formar parte de tu meditación.

Quizá no sepas que el momento en el que te quedas dormido es un umbral entre el final de estar despierto y el principio de estar dormido. Por la noche, tu conciencia gira en torno al estado que tenías al dormirte. Si en tu mente hay tensión, pasarás la noche en tensión. Si estás enfadado, los sueños girarán en torno a ese enfado. Los estudiantes saben que si se acuestan después de haber estudiado por la noche, su mente estará repasando el examen mientras duermen. La noche girará en torno a lo que les ocupaba antes de irse a dormir. Tu mente sigue dando vueltas al mismo tema.

Puede que no te hayas dado cuenta, pero inténtalo y verás que al despertarte por la mañana, en cuanto el sueño desaparece, la mente va rápidamente a la sensación o pensamiento que tenías la noche anterior. Por la mañana empiezas en el mismo punto que lo dejaste el día anterior. Por eso vale la pena meditar por la noche. Si consigues irte a dormir meditando, habrá una transformación en tu vida. Te acordarás de la meditación en cuanto te despiertes.

Si puedes pasar seis horas durmiendo tranquilamente por la noche, tendrás un día tranquilo; estarás fresco, renovado. Las personas que se van a dormir meditando me dicen que nunca han dormido tan profundamente. Cuando la meditación y el sueño van de la mano, se produce un fenómeno nuevo.

Esta meditación puedes hacerla antes de irte a dormir. Cuando hayas terminado todas tus actividades y te tumbes en la cama por la noche sin tener nada que hacer, practica esta meditación durante quince minutos. Luego no te levantes, vete a dormir. La corriente que ha empezado con la meditación entra en tu sueño. La corriente subyacente debería adentrarse en tu sueño.

Debes hacer este experimento tumbado. Túmbate en la cama e intenta hacerlo antes de irte a dormir. Cuando lo estés haciendo, ten presente un par de cuestiones.

Primero es esencial que se relaje todo el cuerpo. Tu cuerpo debe estar relajado, sin tensiones. Déjalo suelto, como si no tuvieras energía. Deja que se suelten todas las partes del cuerpo. Deja que se vayan soltando una a una cada una de sus partes. Túmbate relajado. Luego cierra lentamente los ojos. Invítale a tu cuerpo a relajarse. Siéntelo unos instantes. Durante un par de minutos siente cómo se va relajando tu cuerpo, siente cómo se relaja.

Si practicas este ejercicio durante una o dos semanas dos o tres minutos consecutivos, tu cuerpo se relajará totalmente. Cuando tu cuerpo está suelto, sientes como si no tuvieras cuerpo. Cuando tu cuerpo se relaja totalmente, sientes como si no tuvieras cuerpo, sientes como si no existiera. Solo notas el cuerpo cuando hay una tensión o está cargado. Cuando está relajado, no lo sientes. Habrás comprobado que cuando tienes una espina en el pie, notas el pie. Cuando tienes dolor de cabeza, notas la cabeza. Pero cuando no tienes una espina en el pie, no lo notas, no te das ni cuenta de que está ahí. Cuando no te duele la cabeza, no sientes la cabeza, no notas que está ahí. Solo notas las partes del cuerpo cuando hay tensión.

La característica de un cuerpo sano es que no lo sentimos. Tenemos conciencia de la enfermedad, pero no de la salud.

Cuando medites, deberías relajar tanto el cuerpo que no seas consciente de que lo tienes. Debes hacerlo durante dos semanas. Los que lo hagan con totalidad podrán experimentar esta misma noche que el cuerpo no está, que ya no existe. Es bueno que le sugieras al cuerpo durante dos o tres minutos que se relaje.

Después intenta calmar tu respiración. No aguantes la respiración, deja que fluya. Que venga cuando venga y se vaya cuando se vaya. Durante dos o tres minutos, siente que se va calmando tu respiración…, se va calmando. Cuando empieces a sentirlo, tu respiración se calmará más. Al cabo de unos días, la respiración es tan tranquila que te costará trabajo saber si el aire está entrando o saliendo. Cuando tu cuerpo se relaja, la respiración se relaja automáticamente. Cuando tu respiración se relaja, los pensamientos son más débiles. Entonces deberías sugerirte otra cosa: que tus pensamientos también se tranquilicen. Tienes que sugerirte estas tres cosas.

Ya lo habéis experimentado hoy por la mañana. El cuarto punto que hay que tener en cuenta es que debes estar tumbado en silencio, escuchando el viento, los árboles, el mar. Aunque también oigas el ruido de la gente que baja por el camino, de los coches, los taxis o los camiones, escúchalo todo atentamente.

Hay tres cosas: el cuerpo, la respiración y los pensamientos…, deja que se vayan calmando. Y luego vuelve a repetir el mismo experimento que hicimos esta mañana. Hazlo mientras sigues tumbado. Y mientras te dejas caer en ese silencio, quédate dormido.

Vamos a practicar esta meditación aquí para que la entiendas. Después vuelve a tu cuarto y hazla antes de dormir, y luego puedes dormirte. Es mejor que la hagamos antes aquí para que la entiendas. Si la practicas, podrás tener resultados extraordinarios, todo depende de tu voluntad, del deseo de conocer, de la búsqueda y del anhelo que tengas.

Ahora vamos a empezar la meditación.

- Repartíos para que os podáis tumbar. Luego apagaremos la luz. Hoy os daré las sugerencias para que sepáis cuáles son las que vais a usar. Luego podéis practicar en vuestra habitación e id a dormir. Haced sitio para que quepa todo el mundo, separaos los unos de los otros.
- Haced sitio a vuestro alrededor, alejaos. No tenéis que estar en contacto. Haced espacio para que todo el mundo se pueda tumbar en silencio, sin hablar. Alejaos, porque tendréis que tumbaros.
- No habléis en absoluto, porque esto no tiene nada que ver con hablar. Si no habláis, no molestaréis a nadie. Buscad vuestro sitio, colocaos donde queráis.
- Buscad vuestro sitio deprisa. Quedaos solos y tumbaos cómodamente para participar en el experimento y poder profundizar.
- Dejad la luz encendida, por favor; así está bien.
- Túmbate en tu lugar. Por favor, busca un sitio y túmbate. Aprovecha esta oportunidad; saca el mayor provecho de ella. Es posible que no vuelva a repetirse una noche como esta. Tanta soledad…, es una oportunidad de oro que quizá no volvamos a tener.

- Túmbate, cierra los ojos, relaja el cuerpo. Cierra los ojos. Relaja el cuerpo. Ahora te daré unas sugerencias. Experimenta lo que digo mientras lo hago. En cuanto lo sientas, notarás los resultados.

- Siéntelo: siente cómo se relaja el cuerpo… El cuerpo se relaja… El cuerpo se relaja… Déjalo como si estuviera inerte. El cuerpo se relaja, el cuerpo se está relajando del todo, el cuerpo se relaja, el cuerpo se relaja, el cuerpo se relaja.

- Siéntelo; siente todo tu cuerpo relajado, siente cómo está en silencio absoluto y relajado, como si no estuviera, como si no existiera. Hay una brisa, hay un cielo, hay unos árboles, pero el cuerpo no está. El cuerpo se ha quedado completamente relajado y tranquilo.

- Reduce la velocidad de la respiración. La respiración se vuelve más tranquila; respira más despacio. La respiración es más tranquila… La respiración es más tranquila… La respiración es más tranquila… La respiración es más tranquila… La respiración es más tranquila… La respiración es más tranquila.

- Los pensamientos también se están quedando en silencio. Los pensamientos se quedan en silencio… Los pensamientos se están quedando en silencio… Los pensamientos se quedan en silencio… Los pensamientos se quedan en silencio… Los pensamientos se quedan en silencio. Todo está en silencio.

- Ahora escucha en silencio…, el viento, todos los sonidos, escucha en silencio. Poco a poco, te quedarás en silencio en tu interior. Igual que la noche exterior es silenciosa, todo está en silencio en tu interior. Escucha, escucha los vientos silenciosos. Quédate diez minutos escuchando.

- La mente se va quedando en silencio... La mente se quedará poco a poco en silencio. Todo se quedará en silencio... Caerá una nada silenciosa dentro de ti.

- La mente se está quedando en silencio... Sigue escuchando, escucha atentamente... La mente se queda en silencio... Solo hay viento, tú te disuelves. Disuélvete totalmente. Todo se queda en silencio.

- La mente se ha quedado en silencio, la mente se ha quedado en silencio absoluto. La mente se ha quedado en silencio. Solo oyes el viento y la noche. Te has quedado en silencio absoluto; estás completamente muerto. Sigue escuchando, sigue escuchando.

- La mente se ha quedado en silencio. Dentro de ti hay un inmenso silencio. Todo se ha quedado en silencio. Todo se ha quedado en silencio. Estás completamente muerto, no existes. La mente está en silencio absoluto. Reconoce este silencio, entiéndelo. Todo se ha quedado en silencio.

- Tienes que adentrarte todos los días en este silencio. Cada día irás más profundo hasta que, algún día, el silencio te conduzca a la divinidad.

- Ahora respira varias veces. Inhala aire un par de veces y abre lentamente los ojos. Verás que fuera encuentras la misma paz que había dentro. Quédate tumbado y abre los ojos poco a poco. Fuera también todo está en silencio.

- Ahora levántate despacio y vuelve a tu sitio. Siéntate en tu sitio en silencio, sin hacer ruido. Los que no puedan levantarse pueden respirar profundamente, y buscar luego su asiento lentamente. Si no quieres levantarte de golpe, puedes seguir tumbado un rato. Luego levántate y siéntate en silencio, sin molestar a los que están a tu alrededor. Vuelve lentamente.

- Vete a la cama y haz esta meditación ahora porque en este momento el recuerdo está fresco y lo puedes hacer. Después duérmete.

La sesión de la noche ha concluido.

4. Experimenta unidad con la vida

Lo más triste de nuestra existencia es que hemos dejado de participar en la vida; hemos dejado de estar en sintonía y en armonía con la vida. Estamos muy lejos de la vida misma. No tenemos una conexión con el todo; entre nosotros y la existencia no hay ningún puente.

Un niño sale del útero de su madre. Al nacer su cuerpo se tiene que separar del cuerpo de su madre, empieza un viaje de separación, de distancia. El niño estaba conectado con su madre y luego lo separaron. Quizá esta separación nos haga creer que nuestros cuerpos, e incluso nuestros espíritus, estén separados. Puede ser que la separación corporal haya provocado un conflicto en nuestra vida interior. El cuerpo del niño se separa del de la madre, pero el alma sigue siendo una, no está separada de la totalidad. En el mundo no hay separaciones. No hay divisiones. Sin embargo, no hemos experimentado esta unidad, esta no dualidad. No nos damos cuenta de ella. No la recordamos.

Esta es la desventura de la raza humana. Para superarla, el buscador tiene que dar un segundo paso. Ya te he contado el primer paso: que el conocimiento es una ilusión. El conocimiento es mentira. El conocimiento solo son escrituras y doctrinas. Pero la verdad es la ignorancia del ser humano. Cuando lo aceptes y recuerdes que «no sé nada», caerá el primer muro que te separa de la vida.

Hay otro muro que también tiene que caer. Esta mañana quiero hablarte de ese muro. Porque solo así podrás experimentar la verdad existencial. La verdad existencial es tu propia verdad. Puedes llamarlo iluminación, liberación, *moksha* o divinidad. Da lo mismo. Realmente, no hay ninguna diferencia entre esos términos. El primer muro es el del conocimiento. ¿Y el segundo muro qué es? La falta de totalidad en nuestra vida; tenemos que vivir con totalidad la vida que hay a nuestra disposición.

Voy a intentar explicar esta cuestión con una pequeña anécdota…

Hace unos mil quinientos años, un emperador chino anunció que quería crear un sello nuevo para su reino. Llamó a los artistas para que representaran un gallo cantando. El ganador sería aquel que hiciera el dibujo más real. Recibiría un gran premio: sería nombrado director artístico del reino. Desde todos los rincones del reino se dirigieron a la capital grandes artistas para presentar sus dibujos.

¿Quién podría juzgar el mejor dibujo? Y había miles de ellos. El emperador mandó llamar a la capital a un anciano pintor para que escogiera el mejor dibujo. El pintor recogió el material de todos los participantes y se encerró en un cuarto. Al anochecer le mandó un mensaje al emperador: «No hay ningún dibujo que sea lo suficientemente bueno. Todos tienen algún defecto».

Había muchos dibujos y cada uno era mejor que el otro. Hasta el propio emperador estaba fascinado por ellos. Sin embargo, el artista dijo que ninguno de ellos valía. El rey se quedó perplejo y le preguntó al artista:

–¿Y qué criterio has usado? ¿Cómo has llegado a la conclusión de que ninguno de estos dibujos es lo suficientemente bueno?

–Solo tengo un criterio –dijo el hombre–. Me he traído un gallo vivo, y no ha podido reconocer un gallo en ninguno de esos dibujos. Él es imparcial, no tiene ningún interés particular. Si los gallos hubiesen estado realmente vivos y fueran reales, el galló auténtico habría cantado o se habría asustado, habría huido o habría estado dispuesto a pelearse. Pero los ha ignorado, ni siquiera los ha mirado. Ese es el único criterio posible, es la medida. El gallo vivo no ha aprobado a ninguno de los gallos pintados.

–Eso nos plantea un problema –contestó el emperador–. Jamás se me habría ocurrido valorar así los cuadros.

–¿Quién podría probar la veracidad de los gallos pintados si no es un gallo vivo? –dijo el anciano pintor.

–Entonces solo tú puedes hacer el dibujo correcto –dijo el rey.

–Eso es difícil –contestó el anciano–. A mi edad, hacer un buen dibujo de un gallo es pedir demasiado.

–Eres un grandísimo artista –le animó el rey–. ¿Cómo no vas a poder pintar un gallo?

–Un dibujo de un gallo se puede hacer muy rápido –contestó el anciano–, pero, para hacerlo, tendré que convertirme yo mismo en gallo; de lo contrario, será muy difícil.

–Haz lo que quieras –dijo el rey.

–Me llevará como mínimo tres años –dijo el anciano–. No sé si voy a vivir tanto tiempo.

El rey habilitó un espacio en el bosque para que se alojara el anciano artista. Al cabo de seis meses, mandó a alguien para ver cómo estaba el artista loco y saber lo que estaba haciendo. Se encontraron al anciano sentado en compañía de unos gallos silvestres. Al cabo de un año el rey volvió a mandar a alguien. En el primer viaje el anciano reconoció a sus amigos de la capital que habían ido a verle. La segunda vez, el anciano se había convertido prácticamente en un gallo. No le interesaban las visitas, ni siquiera las miraba. Se limitó a permanecer sentado entre los gallos.

Finalmente, pasaron los tres años. El rey mandó a alguien para que recogiera al artista; el dibujo ya debía estar completo. Al llegar encontraron al anciano y este se había convertido prácticamente en un gallo. Emitía sonidos como si fuese un gallo, se sentaba con los pájaros, estaba rodeado de pájaros. Lo levantaron y se lo llevaron a la corte de la capital.

–¿Dónde está el dibujo? –preguntó el rey.

El artista cantó como un gallo.

–¿Te has vuelto loco? –dijo el rey–. Yo no quiero un gallo, sino el dibujo de un gallo.

–Ahora sí puedo hacer el dibujo. Que me traigan el material necesario y lo haré –contestó el anciano. Y aproximadamente en una hora lo terminó de pintar. Metieron varios gallos en la habitación donde estaba el cuadro. En cuanto vieron el dibujo, se asustaron y salieron corriendo.

–¿Qué sortilegio has hecho? –preguntó el rey.

–Lo más importante ha sido convertirme en un gallo. Solo así he podido pintar uno. Tenía que entender al gallo por dentro, tenía que saber cómo eran sus procesos internos. ¿Cómo voy a entenderlo en profundidad, cómo voy a entender su alma si no me convierto en un gallo y me integro con él?

No podremos entender el espíritu de la vida, el alma de la vida, mientras no nos integremos con el alma, mientras no seamos uno con la vida. El espíritu de la vida es la divinidad, es la verdad. La única forma de entender la vida es ser uno con ella. Si no la conocemos, ¿cómo vamos a vivirla? Por eso tememos la muerte. Si alguien saborea el verdadero sabor de la vida, aunque solo sea una vez, la muerte desaparecerá. Para esa persona no existirá la muerte. El miedo a la muerte solo es una señal de que no sabemos qué es la vida.

No entendemos la vida porque nunca hemos sido uno con ella, nunca nos hemos acercado, nunca hemos estado en armonía. ¿Cuándo hemos dejado de estar en sintonía con la vida? ¿Cuándo hemos destruido la música? ¿Cómo se ha podido crear una división tan grande entre nosotros y la vida? Si somos capaces de entenderlo, podremos liberarnos de la división.

Esta división ha sido creada porque quienes insultan a la vida y están en contra de ella han explicado las cosas de una forma equivocada. Dicen que la vida no tiene sentido, que es sufrimiento, que es mejor huir de ella. Dicen que deberíamos huir de la vida. Los profesores del pasado han insultado a la vida, la han despreciado. Y esta enseñanza es la que ha creado una separación y una división entre el ser humano y la vida. ¿Cómo podemos conectarnos con algo que se ha negado, a lo que se han opuesto, algo que nos han dicho que no tiene sentido y es absurdo?

La vida se ha menospreciado de todas las formas posibles. Se ha menospreciado el cuerpo…, y el cuerpo es la expresión de la vida. Se ha menospreciado el mundo…, y el mundo es la expresión de la creación. Se ha menospreciado la materia…, y la materia es la expresión del espíritu. Se ha menospreciado todo lo visible y se ha alabado todo lo invisible. Solo se habla de lo invisible, pero solo vemos lo visible. Discutimos acerca de lo que no tiene forma, pero solo podemos captar lo que tiene forma. Se ha menospreciado la expresión, la forma, lo que vemos. Obviamente, lo único que nos queda en las manos es una discusión sobre lo que no tiene forma.

Ten en cuenta que solo podrás conocer lo que no tiene forma si conoces la forma. Solo podrás conocer la no materia si conoces la materia. Solo podrás estar conectado con el alma si conoces el cuerpo. Cuando alguien se opone a lo visible, en realidad está cortando la conexión que puede llevarle a lo invisible, que le es completamente desconocido. Pero lo visible se ha menospreciado desmedidamente, la forma, la vida, la materia, el cuerpo y el mundo.

¡Si hubiesen alabado la vida, aunque solo fuera un poco! Si todas esas personas hubiesen cantado a la dicha de vivir. Si todas esas bocas y esas voces hubiesen expresado la dignidad y la gloria de vivir. Entonces la Tierra ahora sería un sitio completamente distinto. Hoy la Tierra estaría desbordando religiosidad; estaría llena de gozo; sería la música misma. Pero los profesores de la humanidad hasta ahora solo han menospreciado la vida, se han opuesto a ella.

Es comprensible que se haya creado un muro entre nosotros y la vida con este enfrentamiento, este insulto a la vida, este desprecio. En cuanto pensamos en la religión, se cuela el sentimiento de que la vida no tiene sentido…, de que deberíamos huir de la vida, escaparnos de ella, deshacernos de ella, salirnos del ciclo de nacimiento y muerte. Todo lo que sea pensar en religión siempre está orientado hacia la muerte, hacia el suicidio, va en contra de la vida. La religión no nos invita a vivir una vida dichosa y feliz. Nos invita a cerrar los ojos ante la vida, a huir de ella, a perder el interés por ella.

Esto hace que nuestra mente sea indiferente a la vida; creemos que no tiene sentido. Nuestra mente nos dice que todo es absurdo. Nacemos porque somos pecadores, y cuando hayamos limpiado todos nuestros pecados, ya no tendremos motivos para volver a nacer. Entonces habremos llegado al estado de liberación, *moksha*, en el que no hay nacimiento ni muerte; donde no hay cuerpo, no hay sentidos, no hay forma; entramos en un estado sin forma. Pero con esta actitud no podemos disfrutar del juego de la vida, del *leela*.

Primero conviene comprender que los culpables de que el hombre no sea religioso no son los que han negado la existencia de Dios. Tampoco son los que no aceptan el alma. Los responsables son aquellos que han negado la expresión visible de la vida, los que la han despreciado y han dicho que no valía la pena. Esto me recuerda un incidente...

Un día tenía de huésped en casa a uno de mis amigos, que era un *sannyasin* tradicional. Alrededor de mi casa había un amplio jardín lleno de flores. En cuanto entró, miró las flores como si fuesen su enemigo y me preguntó:

—¿Te gustan las flores? ¿Tú también sientes apego por las flores?

Me quedé en silencio porque si alguien no puede apreciar las flores, es difícil que pueda entender las palabras de alabanza a las flores.

Esa noche vino también otro amigo para oír música, y nos sentamos mientras escuchábamos una melodía. El *sannyasin* preguntó:

—¿Sientes apego por la música? ¿Te gusta la música?

De nuevo sonreí y me quedé en silencio, porque si alguien no aprecia una canción, difícilmente podrá apreciar las palabras que la alaban.

Más tarde nos sentamos cenar. Él comía como si estuviese haciendo algo que le desagradaba, como si fuera una carga, una maldición, como si corriera peligro comiéndose la comida.

–¿Qué te ocurre? –le pregunté–. ¿Por qué estás así?

–Estoy en contra del sabor. He hecho un voto contra el sabor –me dijo–. Me como la comida como si comiera barro. No noto el sabor.

–Ya me había dado cuenta –le respondí–. Lo he adivinado al ver la cara que has puesto cuando mirabas las flores u oías música.

Si lo analizamos, nos daremos cuenta de que las flores son el alimento de los ojos y las canciones son el alimento de los oídos. Todo nos alimenta. La vida que hay alrededor nos nutre como si fuera un alimento. Nuestros ojos se alegran de ver la luz; se alimentan de ella. A nuestros oídos les encanta oír la *veena*; es su alimento. Nuestros sentidos se nutren las veinticuatro horas del día. La existencia nos llega por muchas puertas. Si todas estas puertas de entrada de la existencia están rodeadas de felicidad, de perfume y de agradecimiento, cualquier persona podrá conectar con la vida. Pero si alguien se enfrenta a esas puertas con odio mental, con antagonismo, con oposición, con los oídos tapados para no oír la música, con hostilidad hacia el sabor, con los ojos cerrados…, no podrá establecer un vínculo con la vida.

Ha habido personas que se han arrancado los ojos. Como eran los dueños, se los sacaron. Y su influencia ha llegado hasta tal punto que ahora toda la humanidad está ciega. No tenían ningún derecho a dejar ciega a toda la humanidad. Hay personas que se tapaban los ojos para no sentirse atraídas por la belleza. La gente ha cerrado todas las puertas por las que la vida podía entrarles.

Cuando una persona cierra todas las puertas, solo refuerza su ego; pierde la sensación de asombro. Ese tipo de personas se alimentan poco a poco de la idea de «soy alguien», pero no entienden la vida.

Solo es posible entender la vida cuando todo tu ser se convierte en una abertura, en una puerta. Nuestra vida debería ser una puerta a las canciones, a la belleza, a la música, al sabor, una puerta por la que entre el perfume.

Para mí un buscador es una puerta. Es una puerta en todos los sentidos. Para él, todo forma parte del universo, incluso lo más pequeño. El fragmento más pequeño es *brahman*, es divino. El capullo de una flor, el cuco que canta una canción desconocida, todo es música para su espíritu. Lo acepta todo. Acepta con agradecimiento todo lo que le trae la vida. Comer para él es rezar, bañarse es devoción. Está lleno de gratitud hacia la existencia, incluso cuando respira. Solo puedes vincularte con la vida y ser uno con ella si desaparece el desprecio por la vida.

Ayer os dije que olvidarais el conocimiento. Hoy os voy a pedir que renunciéis al sentimiento de desprecio por la vida. Desgraciadamente, el desprecio por todo lo que nos da la vida ha calado muy hondo en nuestra conciencia. Ha dejado una profunda huella en la mente. En un concierto de *veena* te incomodaría encontrarte con el Buda de la risa o con Mahavira. Los cristianos dicen que Jesús nunca se rio. Nos hemos acostumbrado a unos santos amargados.

Hay personas que tienen una visión de la vida muy deprimente, y hacen todo lo posible por vivir como si estuvieran muertos. Estas personas, mejor dicho, la sombra de estas personas, ha nublado y oscurecido la mente humana. Ni siquiera somos capaces de imaginarnos a un santo de la risa. Si alguien tiene mal carácter, se puede reír; pero si tiene buen carácter, no puede. Una persona buena no se relaciona con la risa. La vida no está vinculada con la dicha. Solo pueden ser personas religiosas las personas que tienen alguna enfermedad, las personas que están enfermas o deprimidas. Solo pueden ser religiosas las personas que se aíslan y tienen un sentimiento antagónico con la vida. ¿Cómo puede conectarse una persona religiosa con los colores y los perfumes?

Sin embargo, no es así. Os aseguro que la persona genuinamente religiosa es de otro tipo muy distinto.

Me han contado que…

Había tres santos que provenían de un país desconocido. Se les conocía como los tres santos de la risa. Cuando llegaban a un pueblo, la gente empezaba a bailar y provocaban una explosión de alegría. Su forma de reírse se contagiaba a todo el mundo. Al final, todo el pueblo acababa riéndose. Cuando estaban en un cruce de caminos, ¡el sonido de olas de carcajadas se oía en toda la zona!

–¿Cuál es vuestro mensaje? –les preguntaba la gente–.

–Solo tenemos un mensaje: acepta la vida riéndote –contestaban.

Si tienes un enfoque pesimista, no puedes vincularte con la vida. Si estás llorando y quejándote, nunca podrás entrar en el templo de la divinidad. La risa es el camino hacia la divinidad. El arcoíris de la risa es un puente que te permite alcanzar la divinidad. El llanto nunca tiende ese puente. Solo tenemos un mensaje, y es que hay que aceptar la vida con alegría.

Iban de pueblo en pueblo. Con el tiempo envejecieron. No sé si habrá habido unos santos parecidos a estos en algún otro sitio. Si los hubiera en todas partes, el mundo sería un lugar distinto.

Los tres santos envejecieron. En cierta ocasión, uno de ellos falleció. La gente del pueblo donde murió pensó que, aunque solo fuera en esa ocasión, los que quedaban estarían tristes y llorosos, con los ojos llenos de lágrimas. Se acercaron a la cabaña. Los dos santos habían sacado el cadáver y se estaban riendo.

–Venid a ver a una extraordinaria persona con vuestros propios ojos –les dijeron los dos santos.

Los habitantes vieron que estaba muerto, pero tenía una sonrisa radiante en los labios. El santo se había muerto riéndose.

Les había dicho a sus amigos que no quería que le bañaran ni le cambiaran de ropa al morir, quería que dejaran su cuerpo sobre la pira funeraria tal como estaba. En ese país tenían la costumbre de lavar al muerto y ponerle ropa nueva. Cuando alguien empieza una nueva peregrinación, debería, por lo menos, estrenar ropa nueva. Pero el santo pidió que no le cambiaran la ropa ni le bañaran; quería que le pusieran en la pira tal como estaba. Todo el pueblo se había acercado al lugar de la cremación para acompañar el cuerpo del santo. Se habían reunido allí en torno a unas mil personas. Pusieron el cuerpo sobre la pira funeraria y la encendieron. Cuando el fuego empezó a arder y se comenzó a quemar el cuerpo, la gente estaba triste. Pero, de repente, se empezaron a oír carcajadas entre los asistentes. La gente se estaba riendo y las risas se extendieron rápidamente, eran contagiosas.

¿Qué había ocurrido? Cuando empezó a arder el cuerpo, se dieron cuenta de que el santo había metido petardos y fuegos artificiales entre la ropa. Cuando el cuerpo se empezó a quemar, explotaron todos los petardos y los cohetes. La gente se echó a reír, diciendo:

—Este santo era único; se pasó la vida riéndose y se murió riéndose. Ha conseguido que incluso la multitud le despida con una carcajada.

Los habitantes aprendieron que un hombre puede vivir riéndose y morir riéndose. Y hasta puede conseguir que los demás se rían después de muerto. Esto es para mí una persona religiosa.

Vamos a darnos permiso para decirle adiós a todas las personas tristes y deprimentes. La religión tiene un grave problema por su culpa. La vida humana se ha vuelto oscura y triste por culpa de esa gente deprimida e infeliz. Es la mayor desgracia que ha caído sobre la humanidad. Tenemos un problema serio por culpa de todas esas personas lloronas, enfermas y tristes. Si alguien no alcanza la felicidad en esta vida, es como el zorro en el cuento del zorro y las uvas. En la parra había racimos de uvas y el zorro estaba saltando para intentar cogerlos; pero no llegaba porque los racimos estaban bastante altos. Desistió diciendo que las uvas estaban muy ácidas y que no valía la pena cogerlas.

La gente que no siente la alegría de ver una flor o de las canciones de la vida siempre dice: «la vida no tiene sentido». Ocultan su fracaso mostrando desprecio hacia la vida. Cuando no puedes conseguir las uvas de la vida, no esperes conseguir las uvas del reino interno de la divinidad.

Los placeres de la vida nos muestran dónde encontrar la divinidad. Si una persona no encuentra placer en la vida, no encontrará el camino hacia la divinidad. Si ahondas en la vida, sabrás a dónde conduce el camino y cómo alcanzar la divinidad. Pero las personas que le han dado la espalda a la vida no encontrarán el camino hacia la divinidad. Si la divinidad existe, tiene que ser dentro de la vida y no fuera. La divinidad no está enfrentada a la vida.

Las personas que no están a gusto y están preocupadas, culpan a la vida en vez de culparse a sí mismas. Una persona derrotada siempre busca una excusa para no culparse a sí misma. Recuerda que, hasta ahora, la religión solo le interesa a los perdedores. La religión está llena de derrotados. Si vas a los templos y a las mezquitas, podrás ver a esos perdedores, a esos fracasados. Una persona empieza a ir al templo cuando envejece, cuando se aproxima la muerte y la vida se le escapa de las manos, cuando siente que la vida se puede acabar en cualquier momento. Entonces, piensa que ha llegado la hora de ir al templo. El tiempo de vivir se ha terminado y ahora llega el momento de ir al templo.

Si existe algún templo, está en el centro de la vida. Un grupo de personas infelices, desesperadas y derrotadas han invadido la religión; en este segundo día de conversaciones quiero recomendarte que te liberes de toda esa gente enferma, preocupada y loca. Si no consigues las uvas de la vida, por lo menos, no digas que estaban ácidas, di que no has podido llegar tan alto.

Puedes conseguir llegar más alto. Un buscador intenta saltar. Los escapistas se dan la vuelta y dicen que las uvas estaban ácidas. Solo tienes que saltar un poco más. Si no alcanzas la vida con las manos, extiéndelas. Si no ves, abre un poco más los ojos. Si tus oídos no oyen, edúcalos. Si no encuentras divinidad en la comida, no defiendas la ausencia de sabor; eso solo es otra forma de decir que las uvas están ácidas. Educa a tus papilas gustativas para que puedan saborear mejor..., los que saben ven la divinidad incluso en la comida. Los que saben encuentran la divinidad en el sonido. Los que saben encuentran la divinidad también en la forma.

La belleza les trae un mensaje de la existencia; todo es un mensaje. La belleza del cuerpo esconde un mensaje de la existencia. Pero, para verlo, los ojos tienen que estar preparados. No los dejes ciegos. Al contrario, entrénalos. Educa a los órganos de tus sentidos. No te enfrentes a tus sentidos, no los reprimas.

Todos los órganos de los sentidos pueden ser un pasaje hacia la divinidad.

Si estás comiendo, saboréalo todo; no comas la comida sin saborearla. Come como si la comida fuera lo único que te importa. Con todo tu espíritu, con toda tu conciencia, con toda tu energía, con todo tu cuerpo absorto en la comida. No permitas que el sabor de la comida se te escape. Cuando saborees, quédate absorto, centrado, unido. Entonces te darás cuenta de que la comida se puede transformar en divinidad; te darás cuenta de que el sabor esconde el mensaje de la existencia. No es extraño que sientas agradecimiento a la existencia después de comer.

Entonces, podrás valorar la belleza estando centrado, con unidad, y no es sorprendente que puedas ver la ausencia de forma que hay tras la belleza. La forma solo es una funda externa que esconde dentro lo que no tiene forma. Cuando encuentras una flor especialmente bonita, ¿dónde se localiza esa belleza? ¿En la belleza de los pétalos y sus partes, en la sustancia que constituye la flor? No, no está en los pétalos ni en los elementos; lo que constituye su belleza está en el atisbo de lo que no tiene forma que recibes de la totalidad. Detrás de esa totalidad se esconde la existencia que está empezando a revelar su mensaje.

Cuando oyes tocar la veena, ¿qué es lo que más te gusta: la melodía o la magia de las manos que la tocan? No, recibes el mensaje de la existencia a través del sonido, la ausencia de sonido que se esconde tras la melodía, la belleza que se oculta entre las notas. La ausencia de sonido que se esconde tras la música se empieza a manifestar a través de la música. Esto es *leela*, el juego de la vida.

Todo lo que vemos en la vida es por contraste, por medio de los opuestos. En el colegio usan una pizarra para enseñar a los niños. Y escriben con una tiza blanca en la pizarra negra. El blanco de la tiza resalta encima del negro. Las pizarras también podrían ser blancas, pero entonces será más difícil porque si escribimos con tiza blanca no se verá nada.

La vida se manifiesta por medio del contraste. Si el alma se quiere mostrar, lo hace por medio del cuerpo. El cuerpo es el telón de fondo, la pizarra sobre la que se muestra el alma. Si se tiene que manifestar la belleza, lo hace por medio de la forma, en contraste con la ausencia de forma; solo así puedes verla. Si tiene que revelarse el vacío, la vacuidad, lo hace por medio de la música. Parece una contradicción, porque la música es sonido y en el vacío no hay sonido. Cuando la ausencia de sonido se quiere revelar, necesita un medio, y ese telón de fondo es el sonido. Para que se manifieste la existencia, necesitamos el mundo material. La vida siempre necesita un telón de fondo para expresarse. Si no lo hay, no puede manifestarse. Todas las expresiones de la vida son por medio del contraste.

Si quitamos la pizarra, las palabras que hemos escrito también desaparecerán. Si nos enfrentamos a nuestro cuerpo, el alma nos rehuirá. Si el mundo es nuestro antagonista, estaremos pisando el freno de nuestro camino hacia la divinidad. No nos damos cuenta de esta ecuación tan simple. Es tan fácil como saber que dos y dos son cuatro, pero no lo vemos. ¿Por qué no podemos verlo? Hay tres motivos.

Solo aceptamos aquello que está en relación con el estado en el que nos encontramos. Somos unos fracasados, por eso oímos los mensajes de las personas fracasadas. Nuestra vida es un fracaso. Por eso, cuando nos dicen «la vida no tiene sentido», enseguida lo admitimos. Solo entendemos las cosas que forman parte de nuestra estructura habitual, el resto se nos escapa.

Me contaron que…

Había un pescador que se pasaba la vida pescando. Un día decidió ir a la capital para dar una vuelta por la ciudad. Todo le asombraba. Llegó a un sitio donde solo vendían perfumes y esencias de todo el país; era el mayor mercado de perfumes. Nada más entrar, tuvo que taparse la nariz porque no aguantaba que oliera tan mal. Él solo conocía el olor del pescado y para él eso era un perfume. Estaba muy incómodo. Quería marcharse, pero era un mercado muy grande, porque era el mercado de la capital. Allí se vendían perfumes de la mejor calidad y perfumes exquisitos de cualquier parte del mundo. Finalmente, se desmayó por el olor. Un grupo de gente se reunió en torno a él. Los comerciantes de las tiendas más próximas salieron con sus perfumes más caros, pensando que al aspirarlos recuperaría la conciencia. No sabían que se había quedado inconsciente precisamente por esos olores. Querían obligarle a oler, pero el pobre hombre se revolvía. No podía ni hablar, y cada vez estaba menos consciente.

Salió de entre la multitud un hombre que también era pescador, y les dijo:

—Amigos, estáis empeorando aún más la situación. Podríais incluso matarle. Dejádmelo a mí y llevaos todos vuestros perfumes, por favor; se ha quedado inconsciente por culpa de ellos.

El hombre llevaba en su cesta un poco de pescado para venderlo en el mercado. Lo salpicó con un poco de agua y acercó la cesta a la nariz del hombre que estaba inconsciente. Este aspiró profundamente, abrió los ojos, y dijo:

—¡Esto sí es perfume!

Es natural que estemos acostumbrados a las cosas que conocemos. Las cosas que disfrutamos se convierten en un perfume para nosotros. No nos han enseñado a aprender a vivir, y la vida nos derrota. Por eso, cuando una persona frustrada se levanta y dice que nada tiene sentido, que todo es absurdo, que no hay nada que merezca la pena, levantamos las manos mostrando nuestro acuerdo con él. Nos parece que lo que dice está bien, que es razonable. No hemos aprendido el arte de vivir.

Vivir es un arte. En el momento de nacer no tenemos esa capacidad de vivir la vida. Es un proceso de aprendizaje muy largo, es un arte muy refinado.

Te voy a decir cuál es el segundo principio del arte de vivir. Aceptar con alegría y agradecimiento todo lo que hay a tu disposición, todo lo que te ofrecen tus sentidos. Entonces te darás cuenta de que has establecido un vínculo con la vida. Los sentimientos nos pueden conectar o nos pueden desconectar. Los sentimientos de cordialidad nos conectan, los sentimientos de antagonismo nos desconectan. Deberíamos estar agradecidos a la vida. Yo me considero enemigo de todas las tradiciones que nos enseñan a oponernos a la vida; ellos mismos son los enemigos de la existencia.

Ayer vino un amigo y me dijo:

–Ahora tengo sesenta años. Y aún hoy, cuando veo a una mujer bella, me siento incómodo y molesto. He intentado apartarme de las mujeres toda mi vida, pero las mujeres me siguen persiguiendo.

–Y seguirán haciéndolo –le respondí–. Las mujeres te perseguirán hasta la tumba. Pero, en realidad, eres tú quien las persigue. El arte de vivir no te dice que salgas corriendo de las mujeres, no te dice que cierres los ojos ante la belleza. Deberías ahondar más en tu pregunta y descubrir de dónde sale la belleza que ves.

¿Qué es la belleza? Ves belleza en las mujeres. Si puedes ver la belleza de las flores, ¿por qué no vas a ver la belleza de una mujer, de un hombre, de unos ojos, del cuerpo? En realidad, una flor también es un cuerpo. La luna también es un cuerpo, una estrella también es un cuerpo. Entonces, ¿qué tiene de malo el cuerpo humano?

Si no estás en contra de la belleza, si no la desprecias, entonces, podrás adentrarte en ella con más profundidad. Tu mente podrá profundizar más y, siguiendo el hilo de un sutil eco de la belleza, podrá alcanzar el punto que es el origen de toda la belleza. Alcanzará el punto de la ausencia de forma, de donde surgen la felicidad y la dicha.

Así, la mujer se puede convertir en un templo y podrás ver la divinidad que hay en ese templo. Así, el hombre puede ser divino y podrás ver la divinidad que hay en él. Por eso nunca te diré que te alejes de la belleza, de la forma, de la música, del perfume, del aroma, del sabor. No huyas de nada. Profundiza en todo hasta encontrar el origen de tu atracción. Y ahí, sin duda alguna, encontrarás la divinidad. Procura ir siempre hacia lo que te atraiga, porque ahí está el corazón de la divinidad. De lo contrario, no te atraería.

Tienes que entender que la atracción es un mensaje de la existencia; luego puedes acceder a sus capas más profundas, más íntimas. Deja que la mente se vaya debilitando, y entonces verás que todos los mensajes son un mensaje de la existencia. Lo que te mira a través de una flor es la existencia; la existencia mira a través del mar, a través de la luna, a través de una mujer, a través de un niño. La existencia mira a través de todas las cosas. Si quieres encontrar a la existencia, tendrás que dejar las puertas abiertas. Siempre debes estar dispuesto a que sus mensajes penetren en tu corazón.

El ser humano puede transformarse en un nuevo hombre. Toda la humanidad puede sufrir esta transformación, este cambio radical es posible.

Sin embargo, estamos demasiado influenciados por las personas que desprecian la vida, y no recibimos inspiración de los que celebran la vida. Este es el segundo punto del que quiero hablarte. Durante estos tres días intenta abrir tu mente. Abre tu mente a todo tipo de atracciones. Abre tu puerta a los sabores de la vida. Busca capas más profundas en la alegría de experimentar la vida.

Experimenta unidad con la vida.

La vida se derrama y fluye con estas dulces lluvias. Sé uno con ellas, conéctate con ellas. No mantengas una distancia con la lluvia. Sé como una hoja seca en el aire; si el viento la lleva hacia el este, va hacia el este; si el viento la lleva hacia el oeste, va hacia el oeste. Si la deja en el suelo, cae al suelo; si la levanta al cielo, flota entre las nubes.

Sé como una hoja seca; deja que te traspasen todas las bendiciones de la vida, todas las alegrías, todas las experiencias. No te interpongas en su camino, no construyas barreras, no levantes muros. Simplemente flota en el océano de la vida. Y recuerda que el océano de la vida será el último medio que te llevará a la divinidad. Solo podrán alcanzarla quienes floten en el océano de la vida. No ha podido alcanzarla nadie que le haya dado la espalda a la vida y se haya opuesto a ella. Estos no han llegado ni llegarán a alcanzarla nunca. Este es el segundo principio que quería señalar.

Mañana por la mañana discutiremos el tercer principio. Solo lo podrás entender cuando lo hayas experimentado. El censor que tienes dentro se negará porque corre peligro con este experimento. El censor interno te recriminará, diciendo: «No te involucres en esto ni por casualidad. Te va a causar muchos pro-

blemas, se va a complicar todo; la meditación te puede afectar».
Tu censor interno te hablará en un tono muy alto. No es nuevo;
forma parte de la mente colectiva. Está sentado en nuestro interior desde hace cinco mil años. Ha contaminado nuestra vida.
No te permite sentir la alegría de vivir, no te permite escuchar
ninguna canción. Se toma la vida de una forma negativa.

Deberíamos entender la vida como algo creativo, como un
acto de reverencia. Deberíamos honrar y respetar la vida, amar
la vida. Deberíamos estarle agradecidos a la vida. Benditos
quienes están llenos de agradecimiento hacia la vida, porque
solo ellos recibirán lo que es noble, bello y beneficioso.

Ahora empezaremos la meditación de la mañana.
Primero, debéis entender dos o tres puntos...

- La meditación, para mí, es aceptación, es un reconocimiento a la vida. El movimiento del viento viene y se va.
Hay un sonido: primero surge y después desaparece. El
mar sigue bramando. Los pájaros pían. Acepta todas estas bendiciones de la creación. Acéptalas todas.

- Hasta ahora, todo lo que se ha enseñado en nombre de
la meditación solo es resistencia, oposición. Te han enseñado que no debes oír ningún sonido ni sentir nada, aunque te molesten las hormigas. Este proceso es un proceso
de muerte. Cuando una persona se muere, no siente que
le ha picado algo. Y si hay viento, tampoco lo siente.

- Una persona que está viva evidentemente siente todo eso. Cuanto más vivo estás, más lo sientes. Tu capacidad de sentir aumenta, tu receptividad se incrementa. A medida que te vayas quedando en silencio, te sentirás más vivo. Un pequeño sonido provocará inmediatamente una respuesta en tu interior. Serás capaz de oír ruidos mínimos. Podrás oír el tintineo de un alfiler al caer.

- La sensibilidad es una característica de la vida, no es una característica de la muerte. Pero, en nombre de la meditación, hasta ahora te han enseñado a estar muerto, a parecer un cadáver. No; yo quiero veros más vivos, tan vivos como para ser capaces de sentir que se mueve la hoja de un árbol. Hasta ahora la meditación era resistencia, opresión, oposición..., tenías que reprimirte, retraerte, no podías oír nada, no podías saber nada, tenías que cerrarte en todos los aspectos.

- Para mí la meditación es abrirse; abrir las puertas, en vez de cerrarlas. Por favor, abre las puertas y sé consciente de todo lo que entra. Solo tienes que ser un testigo, estar atento. Cuanto más en silencio estés, cuanto más presente, más podrás sentir que se abren de par en par las puertas de la vida. Cada cosa encuentra su lugar, todo se interconecta. Poco a poco, te darás cuenta de que tus límites externos se diluyen. Los limites se esfuman y desaparecen, y te haces uno con lo ilimitado, con el infinito. Encontrarte con el infinito es *samadhi*, es el estado de la no mente. La meditación es el esfuerzo que te lleva al infinito. Pero solo puedes ir hacia el infinito si abandonas todas las resistencias. Cuando te resistes y te opones, construyes una barrera dentro de ti. La resistencia crea una barrera. No te resistas, acéptalo todo; deja que tu mente se llene de aceptación, que sea una aceptación absoluta. Aceptar todo y sentarse en silencio mirando, observando, sabiendo que «yo solo soy un testigo».

• Ahora nos sentaremos aquí. Alejaos de los demás para aprovechar esta pequeña oportunidad al máximo –no todos la tienen– durante estos tres días. Alejaos los unos de los otros para no estar en contacto. Hacedlo en silencio, sin hablar…

• Siéntate cómodamente donde quieras, en silencio. Siéntate en silencio, ponte cómodo, busca lo que necesites. Si quieres recostarte contra un árbol, puedes hacerlo. Ponte como quieras o como te apetezca, relaja el cuerpo en silencio y siéntate. Cierra suavemente los ojos. Afloja los párpados y se cerrarán solos.

• Tienes los ojos cerrados y estás sentado en silencio. Abandona toda resistencia hacia la vida. Abre las puertas de tu mente. El viento las atravesará. Cantará un pájaro y se apagará el eco de su voz. Tú solo eres un testigo. Estás sentado en silencio, observando, sigue escuchando… Sigue escuchando, solo tienes que escuchar. Solo tienes que ser un testigo y nada más. Poco a poco, la mente se quedará en silencio.

• Escucha, escucha el viento, escucha cómo ruge el mar.

La creación está llena de sonidos. Escucha. Acaba de empezar a cantar un pájaro. Sigue escuchando... Sigue escuchando hasta que tu mente se quede en silencio. Escucha durante diez minutos, simplemente escucha.

Todo se disolverá. Estará el viento, estarán los pájaros; pero tú te habrás disuelto. El mundo seguirá ahí, pero tú no ya no estarás. La vida continúa, pero tú ya no estás ahí. Abandónate. Escucha en silencio durante diez minutos, solo escucha.

• Sigue escuchando, sé simplemente un testigo. Al final la mente se queda en silencio... La mente se llena de silencio. La mente está muy callada... La mente se ha quedado callada. Sigue escuchando... Sigue escuchando... Sigue escuchando.

• Fuera solo hay viento, el mar que ruge... ¿Dónde estás tú? Solo hay viento, el mar que ruge, el trino de los pájaros... ¿Dónde estás tú? Sigue escuchando... Sigue escuchando... Todo se va quedando en silencio.

• La mente se ha quedado en silencio; te has disuelto completamente. La mente se ha callado... La mente se ha callado... La mente se ha callado totalmente. Tú solo eres un testigo, solo un testigo. Sigue escuchando... Sigue escuchando... La mente puede alcanzar un silencio más profundo. Solo oyes el viento, el mar que ruge, los pájaros que cantan; tú no estás.

(Se oye el grito de una mujer.)

Ocupaos de ella, por favor.

• Respira profundamente. Inhala aire varias veces y luego abre lentamente los ojos. Abre los ojos suavemente.

La sesión de la mañana ha terminado.

5. El arte de vivir con autenticidad

Esta mañana os he hablado de la entrega a la divinidad de la vida y de una actitud mental de aceptación, respeto y confianza en la vida. He recibido bastantes preguntas acerca este tema...

La vida nunca se ha aceptado. Hasta ahora, nadie ha pedido que se confíe en la vida y se respete; nadie lo ha proclamado hasta este momento. Se han hecho vigorosos intentos de todo tipo para huir de la vida, para escapar de la vida, para destruir y asolar la vida. Hay personas –políticos, belicistas y generales del ejército– que han influido en el planeta intentando destruir la vida. Por otro lado, hay otro grupo de personas que se han comprometido con otro proceso. Estas personas –las personas religiosas, los ermitaños y los frailes– han dirigido este esfuerzo contra sí mismos, destruyendo su propia vida. Hay dos tipos de violencia: destruir la vida de otros o destruir tu propia vida. Aniquilar a otro o aniquilarte a ti; de cualquiera de estas dos maneras, se está destruyendo la vida. Hoy por hoy, en la mente del hombre todavía no existe un profundo respeto por la vida. Naturalmente, han surgido muchas preguntas porque yo he afirmado que la vida en sí es divina.

Hay un amigo que pregunta:

Osho, si la vida en sí es divina, ¿qué sentido tiene liberarse de la rueda del nacimiento y la muerte, o *moksha*?

Siempre se ha dicho que la vida es una esclavitud, yo, sin embargo, ¡digo que la vida es divina! No es extraño que hasta ahora se haya dicho que la vida es una esclavitud, pero no es así. Para quienes no conocen el arte de vivir, la vida, evidentemente, es una esclavitud.

Un grupo de personas estaba haciendo turismo por un país desconocido. Tenían hambre y se pararon en una frutería, pero como no conocían el país, tampoco conocían las frutas. Estaban vendiendo cocos, pero en su país no había cocos.

—¿Qué es esto? —preguntaron.

—Es una fruta muy sabrosa y dulce; es muy refrescante —dijo el vendedor, y compraron cocos. El vendedor también les contó que venían a comprar a su tienda las clases altas e incluso el rey. Los turistas se fueron con sus cocos. Al llegar a un sitio a las afueras de la ciudad sacaron los cocos y se dispusieron a comer. Sin embargo, era la primera vez que veían un coco. Las frutas que ellos conocían no tenían una cáscara tan dura. Empezaron a comérselo con la cáscara. Estaban desesperados y se hicieron heridas en la boca. No sabían cómo comérselos. Era muy complicado, eran casi imposibles de comer.

Así que acabaron tirando los cocos, y dijeron:

−¡Qué excéntricas son las clases altas y el rey de este país para comer este tipo de frutas! No están ricos y no son sabrosos, son muy raros. Esta gente no debe de ser muy inteligente.

Después de tirar los cocos, volvieron a su país de origen y empezaron a contar que habían estado en un país de idiotas donde la gente "comía frutas que parecían piedras". Pero, en realidad, el problema es que no sabían comer cocos.

Por eso, no es extraño que la gente se sienta encadenada a la vida, porque no saben comer el fruto de la vida, no saben disfrutar de la vida, no saben beberse la vida, no saben sentir la música de la vida. La vida no tiene cadenas, no hay más *moksha* o liberación que la vida misma. Cuando una persona conoce la vida en su totalidad, alcanza la liberación en el curso de la vida, mientras está vivo. Por eso, entre la vida y la liberación no puede haber ninguna contradicción.

En la vida no puede haber fuerzas contradictorias. Es imposible que haya una enemistad básica entre la existencia y el mundo. Hay una profunda amistad que tiende un puente. En el mundo, en la liberación, en el cuerpo, en el espíritu, en la forma y en la ausencia de forma, solo se manifiesta un espíritu esencial. Pero nuestro fracaso, nuestra desconfianza en la vida, nos limita y se convierte en una cadena.

Nunca hemos aprendido el arte de vivir. La vida se ha vuelto amarga e insípida porque ignoramos este arte; pero en lugar de cambiar el estilo de vida, hemos intentado destruir la vida misma.

Hemos actuado como ese tonto que… Es posible que hayas oído hablar de él. Os voy a contar su historia por si no la conocéis, y quizá podáis reconocer al tonto del que os hablo.

Había un tipo que se creía muy guapo…, creía que no había nadie en el mundo más guapo que él. Esto es una característica de un desequilibrio mental. Obviamente, tenía miedo de mirarse al espejo. Cuando, en una ocasión, alguien le puso frente a un espejo, él pidió que lo destrozaran inmediatamente.

–¿Por qué? –le preguntaron.

–Yo soy muy guapo –dijo–, pero el espejo me está gastando una broma para que me vea feo. El espejo quiere que me vea feo. No soporto los espejos. Voy a romperlos todos. Yo soy guapo, pero me veo feo en el reflejo.

Se negaba a mirarse al espejo. En cuanto alguien traía un espejo, lo rompía.

El ser humano se comporta como ese idiota. No puede aceptar que un espejo refleje la realidad. El espejo nos muestra lo que somos; no tiene motivos para hacer que alguien se vea feo. El espejo ni siquiera se ha fijado en nosotros, solo refleja lo que somos. Sin embargo, preferimos romper el espejo antes que admitir que somos feos.

La gente que huye del mundo es la que rompe los espejos. Si el mundo te parece un desastre, recuerda que el mundo solo es un espejo. Vemos lo que somos. Si nuestra vida es infeliz, nuestro mundo estará lleno de infelicidad. Si nuestra mente tiene una cierta tendencia a la preocupación, nuestro mundo estará teñido por la preocupación. Si hemos recogido espinas, en la vida solo veremos espinas. Proyectamos en el exterior lo que está en nuestro interior.

Pero no estamos preparados para darnos cuenta. Seguimos diciendo que el mundo es sufrimiento. Repetimos que «la vida no tiene sentido; hay que irse, destruirla, huir, liberarse». ¿De qué huimos? No podemos librarnos de la vida; en lugar de destruir nuestra vida tendremos que transformarnos a nosotros mismos. Si queremos liberarnos, nos tendremos que transformar radicalmente, tendremos que estar listos para transformarnos de raíz. Entonces, estaremos agradecidos a la vida y nos sentiremos bendecidos. Estaremos llenos de agradecimiento a la existencia. La vida es muy bella, maravillosa y abundante. La vida está llena de poesía, de canciones, de música. Pero tenemos que desarrollar la capacidad de verlo. Necesitamos que los ojos puedan ver, que los oídos puedan oír y que las manos puedan tocar todas estas cosas.

Algunos amigos me han preguntado:

> Osho, por la mañana dijiste algo sobre el arte de vivir. Por favor, cuéntanos las características más importantes del arte de vivir.

Cuando hablo del «arte de vivir», me refiero a que deberíamos desarrollar nuestra sensibilidad, nuestra capacidad y nuestra receptividad para que todo lo verdadero, bueno y bello de la vida nos llegue al corazón. Deberíamos experimentar todo eso. Sin embargo, tal como nos vinculamos con la vida, no permitimos que su belleza nos llegue al corazón y pueda reflejarla. Al contrario, los espejos se cubren de polvo, de modo que no podemos ver ningún reflejo. La forma en que hemos organizado nuestra vida no permite que nuestra sociedad y nuestra cultura conduzcan a la humanidad en la dirección correcta. Vamos por el camino equivocado desde niños. Este camino interpone obstáculos a lo largo de nuestras vidas y nos impide saber qué es realmente la vida.

Hay que entender un par de puntos sobre esta cuestión, que también responderán a algunas de las preguntas que habéis hecho.

En primer lugar, para experimentar la vida tenemos que tener una mente sincera y auténtica. Nuestra mente no lo es; está llena de formalidades. Nunca hemos amado ni hemos odiado de verdad, nunca nos hemos enfadado ni hemos perdonado de verdad. Todos los movimientos de la mente, todas las explicaciones que nos da, son formales, ficticias, falsas. No podemos entender la verdad de la vida mientras sigamos aferrados a una mente falsa. Con una mente sincera podemos entrar en contacto con la verdad de la vida. Nuestra mente y nuestro corazón realmente son muy formales. Tenemos que entenderlo y darnos cuenta de esto.

Cuando sales de tu casa por la mañana y te encuentras con alguien por la calle, le saludas. Hacia fuera dices: «Me alegro de verte», pero, por dentro, tu mente piensa: «¿Por qué tengo que encontrarme con la cara de este tipo tan feo a primera hora de la mañana?». Esa es tu mente falsa, el punto del que parte tu mente deshonesta.

Vivimos con esta mente deshonesta y dividida las veinticuatro horas del día. ¿Cómo vamos a conectar con la vida? Y culpamos a la vida. Esta mente dividida es la causante de la esclavitud humana. Vivimos con esta mente dualista que dice una cosa, pero internamente piensa otra. Si solo estuviéramos divididos en dos, no sería tan grave, pero hay miles de divisiones. Dentro de nosotros ocurren miles de cosas simultáneamente. No tenemos una personalidad auténtica y sincera. Nuestra personalidad es falsa, es como si estuviésemos representando un papel.

¿A quién tratamos de engañar? ¿Para quién estamos actuando? No estamos engañando a nadie. Esta tendencia al engaño nos aleja de poder conocernos, nos mantiene separados y no podemos conectar con la vida. Solo nos engañamos a nosotros mismos en todos los aspectos. El engaño más profundo ocurre en el plano mental; en ese plano no queda nada que sea auténtico.

¿Has amado realmente a alguien? Las personas cultas dicen que solo los ignorantes pueden amar. Las personas inteligentes hablan del amor; se inventan el amor pero nunca aman a nadie. Las personas prácticas nunca aman. Solo hablan del amor. Todos nuestros sentimientos se reducen a palabras.

No hemos tenido ninguna experiencia vital que nos afecte con tanta intensidad que podamos vivir o morir por ella. Nuestros sentimientos no son auténticos. Incluso cuando nos enfadamos, lo hacemos con impotencia. El enfado no tiene fuerza, no tiene poder. Si alguien no puede expresar su enfado de una forma auténtica y sincera, ¿cómo podrá perdonar a alguien? Solo puede perdonar quien sea capaz de enfadarse totalmente. Solo puede ser un amigo quien pueda ser un enemigo. Pero no podemos ser amigos ni enemigos. Nos quedamos a medio camino. Nos quedamos suspendidos. La sensibilidad ha sido eliminada de nuestras vidas.

Había una vez un muchacho de un pueblo…

Es una historia antigua, porque ahora ya no quedan pueblerinos auténticos. Hay pueblos, pero no hay pueblerinos. La cultura de la ciudad ha llegado a todas partes. Es una historia de hace doscientos o doscientos cincuenta años en Estados Unidos.

El joven se casó. Tras la boda, se llevó a la novia en su carreta y empezó a dirigirse a su pueblo. En el camino, el caballo se detuvo en cierto punto. El hombre intentó moverlo, pero el caballo no quería moverse, así que le advirtió:

–Te estoy avisando, a la de una…

Su mujer no entendía nada, ¡estaba hablando con el caballo! El caballo se movió, avanzó un poco y se volvió a detener. El joven le dijo al caballo:

–A la de dos…

La mujer se quedó en silencio. El caballo se volvió a parar una tercera vez y el joven dijo:

–Y a la de tres –se levantó, agarró el rifle y le pegó un tiro al caballo.

La mujer se quedó perpleja, le apartó un poco y le dijo:

–Pero ¡qué crueldad!

El joven la miró y le dijo:

–A la de una…

La mujer estaba horrorizada. El hombre le dijo:

–Tienes otra oportunidad.

En sus memorias, la mujer cuenta:

–Me quedé mirando a ese hombre que tenía un enfado tan repentino y, por primera vez, pude ver la fuerza y el esplendor de su carácter.

No te estoy diciendo que mates a nadie, pero la mujer añadió que ese temperamento era lo que le permitía amar realmente.

Los líderes religiosos han destrozado la vida de la raza humana; la han dejado impotente en todos los aspectos. Han cultivado la incapacidad de sentir del ser humano y la represión de todos los sentimientos intensos. Han aprisionado al ser humano. Por eso no le han permitido tener ningún sentimiento intenso.

En la corte del emperador Akbar ocurrió que…

Llegaron a la corte dos muchachos rajput. Venían con las espadas desenvainadas en las manos. Se presentaron ante el trono de Akbar diciendo:

–Estamos buscando trabajo. Necesitamos trabajar.

–Y que sabéis hacer? –les preguntó Akbar.

–Somos soldados valientes –contestaron ellos–. Es lo único que sabemos hacer.

–¿Habéis traído algún certificado? –preguntó Akbar.

Los ojos de aquellos jóvenes brillaron como si tuviesen llamas, agitaron sus espadas y se las clavaron mutuamente en el pecho. Al cabo de un minuto solo había dos cadáveres ensangrentados. Akbar estaba mortificado, le empezaron a temblar las manos y las piernas. Llamó a su comandante rajput, y le preguntó:

–¿Qué ha ocurrido? Yo solo les he pedido un certificado de su valentía.

–Has cometido un error al hacerlo –contestó el comandante rajput–. ¿Quién puede exigirle un certificado de valentía a un rajput? Lo único que pueden hacer es jugarse la vida. Es el único certificado de valentía. ¿Qué más puede certificar su valentía? ¿Existe algún papel que lo certifique? Esos dos chicos te han enseñado lo que significa ser valiente. Ser valiente solo puede tener un significado: afrontar la muerte de frente, sin miedo. Ese es el único significado de ser valiente.

Akbar recogió este acontecimiento en sus memorias y no lo olvidó el resto de sus días. Por un instante había visto dos personas llenas de vida. A través de su intensidad pudo ver la verdadera vida. Por un breve un instante vio el destello de un relámpago de dos seres humanos verdaderos.

Ese destello ha desaparecido de todas nuestras vidas. El enfado o el amor nunca resplandecen en nuestra vida como un relámpago. En nuestra vida, no hay brillo. La ausencia de ese destello, de esa energía, de ese relámpago, nos está conduciendo a nuestra extinción.

¿Cómo podemos conectarnos con la vida? Para conectarnos y estar vinculados con la vida necesitamos que haya intensidad, que haya totalidad en la vida; no necesitamos aprender las escrituras o rezar en los templos. Solo hay una oración, y es la del templo de la vida. Esto implica vivir una vida intensa, total, sin restricciones, una vida fuerte y poderosa, una vida que derrocha energía. Vivimos la vida sin energía; ni siquiera caminamos con la cabeza bien alta, nos empujan de un sitio a otro.

Según mi forma de ver, el primer paso en el arte de vivir sería intentar vivir la vida con la mayor intensidad. Es como si en cada momento estuviera en juego nuestra vida. Nadie sabe si estaremos vivos en el próximo instante; nadie sabe si volveremos a respirar… Nuestra vida está en juego a cada instante, y esa es la realidad.

Ahora mismo, te encuentras bien y estás aquí sentado. Si te dijeran que solo vas a vivir una hora más, ¿qué pasaría en esa hora? O imagínate que te dijeran que tu vida solo fuera a durar un segundo más. ¿Cómo vivirías ese segundo?

En realidad, el hombre nunca vive más de un segundo cada vez. El siguiente segundo nunca está asegurado. Puede llegar o no. El único segundo que existe es el segundo que estoy experimentando ahora mismo. Si no lo vivo derrochando intensidad…, tendré que aprender el arte de vivir. ¿Quién sabe si podré volver a repetir lo que estoy haciendo ahora mismo?

Si amo a alguien, ¿quién puede saber si este momento de amor se repetirá? Si estoy mirando las estrellas del cielo, ¿quién me puede asegurar que vaya a volver a verlas?

El primer principio del arte de vivir debería ser que todo lo que esté haciendo ahora mismo –el momento por el que estoy pasando, todo lo que me ocurra ahora mismo–, debería vivirlo con totalidad, con plenitud. Esta totalidad y esta plenitud deberían ser el foco de mi vida, porque el único momento que conocemos es este momento.

Esta noche, cuando te acuestes, ¿quién te asegura que te levantarás por la mañana? De manera que acuéstate esta noche y duerme con totalidad. No sabes si podrás volverlo a hacer. Si vas a despedirte de un amigo, hazlo con totalidad, porque nunca sabes si habrá otra despedida.

Vivimos de una forma tan descuidada que no nos damos cuenta, no tenemos clara la intensidad de los momentos de la vida que van pasando. Vivimos como si fuéramos a vivir para siempre. Nuestra vida es aburrida y lenta…, como si la vida solo fuese pereza y descuido.

No, la vida es intensa. Pero la intensidad que le des depende de la profundidad con la que te adentres en el templo de la vida. Por otro lado, la intensidad no se puede enseñar.

Ni siquiera somos capaces de llorar con intensidad para que nuestro espíritu se transforme por medio de las lágrimas. Las lágrimas que salen del fondo del alma son maravillosas; son lágrimas muy valiosas, valen más que los diamantes y las perlas. Esas lágrimas llevan la gloria de nuestro espíritu.

Si pudiésemos llorar con esa intensidad, aunque solo fuera una vez, podríamos conectarnos con la vida a través de la puerta del llanto. Y cuando nos reímos, deberíamos hacerlo con todo el espíritu. Esa risa también nos puede conducir a la misma intensidad. Todas las experiencias de la vida deberían ser intensas.

¿Tiene nuestra vida esa intensidad? Seguro que no, por eso nos parece una carga. La vida en sí no está mal, pero las características de nuestra vida son la negligencia, el descuido, la flojera o la indiferencia.

Mi punto de vista es que si entiendes la vida, te darás cuenta de que es una apuesta: tienes que apostar todo lo que tienes en cada momento. La persona que apuesta todo, lo entiende todo. Pero nunca nos jugamos nada. Cuando lo hacemos, es falso, solo son meras palabras. Nunca hemos confiado en alguien de corazón y tampoco hemos querido a nadie así. Nunca nos hemos reído o llorado con totalidad.

Había un gran músico en el reino de Vijaynagar de la India. En la corte del rey se estaba celebrando su setenta cumpleaños. Habían acudido a la celebración personas de todo el reino que le amaban y respetaban; le llevaron regalos muy caros, muy valiosos. Estaban presentes el rey y las personas más acaudaladas del reino, y también había muchos músicos importantes. La corte estaba inundada de regalos.

Llegó a la puerta un mendigo, diciendo que él también traía un regalo. Pidió entrar en la corte, pero iba vestido con sucios andrajos y el centinela de la puerta no le dejó pasar. Él se puso a llorar y gritó:

—¿Por qué lo haces? Yo también traigo un regalo. Por favor, déjame entrar.

Pero ¿quién puede darle permiso a un mendigo para que pase a la corte del rey?

Su voz, sus llantos y sus gritos llegaron al interior y el músico lo oyó.

—Dejadlo pasar —dijo—. Puede que sea un mendigo, pero dejad que venga con lo que haya traído.

El mendigo no era muy viejo, no tenía más de cuarenta años.

En la corte había miles de personas. Le dejaron pasar. Se postró a los pies del músico y dijo:

—Oh, señor, entrégale amablemente a este músico el resto de mi vida.

Y en ese mismo momento, su alma abandonó su cuerpo.

Es un hecho histórico, no es solo un cuento. Los miles de personas que estaban presentes se levantaron impresionadas.

Nunca habían visto un regalo como este, no habían oído hablar de un regalo así. Este fenómeno solo puede suceder si hay totalidad. Cuando deseas algo con todo tu ser, no es un milagro que se cumpla un deseo. Cuando la plegaria surge de todo tu ser, antes de que surja, ya está concedida. Cuando un deseo surge de tu alma, se materializa antes de plasmarlo en palabras. Cuando un sueño ha sido inspirado por toda tu alma, se materializa antes de adoptar la forma de un sueño.

Lo que pasa es que nunca deseamos algo con todo nuestro ser. No hemos aprendido el arte de vivir con todo nuestro ser. Por eso la vida nos parece una carga. Cuando alguien vive con toda su alma, se libera para siempre. Está en *moksha* en cada instante. *Moksha,* la liberación, no se encuentra en los cielos, sino en el arte de vivir con totalidad.

Rabindranath Tagore, el gran poeta, estaba en su lecho de muerte. Uno de sus amigos dijo:

–Estos son tus últimos momentos de vida, es el atardecer de tu vida. Ahora deberías rezarle a la existencia para que te libere del ciclo del nacimiento y la muerte.

Los ojos de Tagore estaban cerrados y los abrió. Se empezó a reír y le dijo a su amigo:

–Yo le estoy muy agradecido a la existencia por haberme concedido esta vida. Toda mi vida me he sentido absolutamente satisfecho. ¿Por qué debería rezar para liberarme de la vida? En mi corazón solo hay una oración en este último instante: me gustaría volver a la Tierra una y otra vez si lo merezco. ¡El mundo es tan bonito! Si alguna vez he visto algo feo, habrá sido por un problema de mi vista, habrá sido por error. En el mundo hay muchísimas flores y algunas espinas. Si veo las espinas, yo tengo la culpa. La próxima vez quiero merecerlo más para experimentar más felicidad y más éxtasis.

Durante sus últimos días, Gandhi llevó a cabo un experimento inusitado. Seguramente no lo conozcas porque los seguidores de Gandhi se han ocupado de ocultar todos los detalles, por eso nunca se ha hablado de este experimento en el resto de la India. Durante sus últimos días de vida, llevó a cabo este pequeño experimento que probablemente fue el más importante de su vida. Se empezó a acostar con una chica desnuda por las noches. Quería saber si seguía teniendo una necesidad sexual o si seguía presente en él la atracción física. Cuando el espíritu de una persona va hacia la divinidad, no lo siente fluir hacia el cuerpo. Quería observarlo, estar atento, quería analizar esta sensación.

Antes de empezar el experimento, Gandhi se carteó con algunos de sus amigos más próximos preguntándoles si debería hacer este experimento. Les preguntó, antes de empezar, si aprobaban el experimento o les parecía mal y eran contrarios a la idea. La mayoría de las cartas decían esto, más o menos: «Eres un *mahatma*, un alma elevada y noble. Todo lo que hagas estará bien. Pero es mejor que no te sometas a este experimento porque va a influir negativamente en tu fama; sin duda va a tener un impacto negativo». Todos le decían más o menos lo mismo: «Eres un gran *mahatma*, pero...». Este pero estaba en todas las cartas.

Gandhi siguió leyéndolas y en el momento que decían «pero» las descartaba. «Cuando dicen "pero", están invalidando todo lo que han dicho antes: "Eres un hombre muy noble, pero…". ¿Qué necesidad hay de decir "pero" tratándose de un *mahatma*? Habría sido mejor que la carta dijera: "Eres un hombre corriente y por eso…". Al menos habría sido más honesto. Habría sido más auténtico, más sincero».

Entre todas esas cartas, hubo una que le hizo llorar de felicidad al leerla. Era una carta de J.B. Kriplani. Decía: «¿Me lo preguntas a mí? Me quedo perplejo. Aunque te viera con mis propios ojos en un acto de adulterio, dudaría antes de mis ojos que de ti. Me sorprende que tú me lo preguntes. Si fuese al revés, y fuera yo quien te lo pregunta, lo entendería».

La gente que ve la vida de una manera que no es auténtica ni sincera, nunca duda de lo que ve. Dicen: «La vida es una carga», «La vida no tiene sentido», «La vida no es placentera». No se les ocurre pensar que quizá lo que esté mal sea su forma de ver la vida o que su mirada tenga la culpa.

Yo creo que la persona que empieza a dudar de sus propios ojos es religiosa. Empieza a dudar de sí misma, pero no pone en duda esta vida infinita. Es una persona religiosa y tiene la capacidad de aprender el arte de vivir, porque alguien que puede dudar de sí mismo podrá encontrar la forma de transformarse.

Cuando dudas de la vida misma, solo te queda una salida: darle la espalda a la vida y huir, marcharte, abandonar la vida, destruir la vida, desertar…, y, finalmente, encontrar la forma de morirte, de huir de la vida yendo hacia la muerte.

Este es el motivo por el que la primera lección sobre el arte de vivir que tenemos que recordar es entender que «estoy equivocado». Si considero que la vida es una esclavitud, una desgracia, una agonía, significa que hay algo en mí que está mal. Una característica de que yo estoy equivocado es que soy falso. No soy auténtico, mi forma de vivir es falsa. Mis palabras son falsas, todo mi trabajo es falso, mis ojos ven las cosas de una manera equivocada; ¡todo en mí está mal!

Es esencial que analices si te has creado una personalidad falsa. Todos nos hemos creado personalidades falsas. Nos inculcaron ese veneno en nuestra infancia, y así es como nuestra personalidad se ha vuelto falsa.

Si te das cuenta, podrás hacer algo para crear una personalidad verdadera. Te aseguro que para embarcarte en una disciplina espiritual es imprescindible tener valor y coraje; para vivir una vida auténtica en cada momento es imprescindible hacer un esfuerzo; para vivir conscientemente, con intensidad, con todo tu ser, es imprescindible hacer un esfuerzo. Cuando llores, hazlo con todo tu ser. Cuando te rías, hazlo con todo tu ser. Sé amigo de alguien con todo tu ser. Cuando comas, hazlo con todo tu ser. Cuando seas consciente, sé absolutamente consciente. Cuando duermas o te levantes, hazlo con totalidad.

Cada momento que se presenta no se repite. Ese momento solo pasa una vez por tu experiencia. No es posible recorrer dos veces la misma ruta. Ese momento no volverá, no volverás a tener esa oportunidad. Puesto que solo puedes pasar por ese momento una vez, hazlo estando plenamente consciente, estando absolutamente atento, con toda tu energía. Haz que todo tu ser se implique en ese momento, conectándote y sintonizándote con él. Poco a poco, te darás cuenta de que tu atadura con la vida empieza a desaparecer. Y te darás cuenta de que esa atadura existía porque vivías de una manera descuidada e inconsciente.

En cuanto empieces a vivir intensamente, desaparecerán tus ataduras. Pero para alcanzar este estado antes tienes que experimentar. Tienes que someterte a una disciplina espiritual. Tienes que dar algún paso en esa dirección. Debes tener presente esa dirección y estar atento todos los días, ser consciente en cada momento para no volver a repetir los viejos patrones de vida.

El marido le dice a su mujer todos los días: «Te quiero». Cuando lo dice, realmente no sabe lo que está diciendo. Suena como si fuese una grabación. Son palabras que no tienen sentido, no tienen alma.

Su mujer lo sabe y ella también dice: «Te quiero. Daría mi vida por ti. No puedo vivir sin ti ni un solo instante». Pero estas palabras no son respaldadas por su espíritu; son falsas.

Os ruego que no pronunciéis esas palabras, es mejor quedarse callado. Cuando lo haces, tú mismo estás atrapando a tu alma con tus propias manos. Le estás haciendo una reverencia a algo en lo que no crees.

Veneramos las imágenes de los templos, aunque sepamos claramente que ahí no hay un Dios, y solo es una piedra. Tenemos mucha devoción por las escrituras, aunque nunca hayamos encontrado la verdad a través de ellas. Hemos creado una personalidad totalmente falsa. ¿Cómo puedes encontrar el camino hacia la verdad de la vida, cómo se van a abrir las puertas, cómo puedes dar un paso en la dirección correcta, si tu personalidad es falsa? Cuando te arrodillas con las manos juntas en el templo, ¿realmente te estás arrodillando? ¿Alguna vez has tenido una experiencia de lo divino en ese templo? No. Entonces, ¿para qué lo haces? ¿Quién te ha pedido que adores esas imágenes?

Un monje budista estaba pasando la noche en un templo japonés. Era una noche fría y desapacible, y el monje no estaba muy abrigado. El sacerdote del templo sintió compasión por él y le permitió refugiarse en el templo durante la noche. Alrededor de la medianoche, el sacerdote se despertó y descubrió que había un fuego en el patio del templo, y el monje lo estaba avivando.

El sacerdote salió corriendo y le preguntó:

–¿Qué estás haciendo?

En el templo había tres imágenes de Buda de madera. El monje estaba quemando una de ellas para no pasar frío. El sacerdote le gritó:

–¿Qué estás haciendo, ignorante? Estás quemando una imagen divina. ¿Cómo te atreves a quemar un Buda?

El monje empezó a remover las cenizas con un palito, rastrillando el fuego.

El sacerdote volvió a decir:

–¿Qué estás haciendo?

–Estoy buscando los huesos de Buda entre las cenizas –respondió el monje.

El sacerdote empezó a golpearse la cabeza y dijo:

–He cometido un error permitiendo que se alojara un loco

en el templo. ¿Cómo crees que vas a encontrar los huesos de una imagen de madera?

El monje se echó a reír, y dijo:

–Si la imagen de madera no tiene huesos, ¿cómo va a estar Buda en su interior? Puedes marcharte, la noche es joven. Todavía quedan dos imágenes más…, ¿por qué no me las traes? Podemos quemarlas para mantener el fuego encendido.

En medio de esa noche fría y desapacible, el sacerdote expulsó al monje del templo. Era capaz de ver a Buda dentro de la imagen de madera y, sin embargo, no le preocupaba que un buda viviente estuviese pasando frío.

A la mañana siguiente, cuando el sacerdote salió del templo, se encontró al monje meditando con las manos juntas sentado delante de un mojón del camino. El sacerdote estaba sorprendido, se acercó al monje, le zarandeó y dijo:

–¿Y ahora qué estás haciendo, bobo? ¿Estás rezándole a una piedra?

El monje respondió:

–Yo veo a Buda en todas partes. Quemé la imagen por la noche para ver con qué profundidad ves tú a Buda…, pero no has entendido el asunto de los huesos. Por tu forma de pensar me doy cuenta de que no ves a Buda en absoluto. Todo es falso, tu imagen de madera, tus manos juntas, tu alabanza.

Habían contratado a Ramakrishna como sacerdote del templo de Dakshineshwar. Su sueldo eran veinte rupias mensuales. Una semana después de haber sido nombrado, empezaron a tener problemas; el comité de gestión del templo se encontraba en un dilema y decidieron convocar una reunión. Les parecía una persona muy excéntrica…, las personas auténticas siempre son un poco excéntricas. Habían recibido numerosas quejas. Decían que, en los días precedentes, había llevado a cabo los rituales de una forma muy poco ortodoxa. Las quejas eran muy concretas y directas: se quejaban de que Ramakrishna olía las flores antes de ofrecérselas a Dios. También decían que probaba la comida antes de ofrecérsela a Dios. Todo lo que hacía era inusual.

Llamaron a Ramakrishna y le preguntaron si era cierto que olía las flores antes de ofrecérselas a Dios. Ramakrishna respondió:

–¿Cómo voy a ofrecérselas sin haberlas olido antes? Es la única forma de saber si huelen bien o no.

Le preguntaron si era verdad que probaba la comida antes de ofrecérsela a Dios. Y dijo:

–Mi madre siempre lo hacía. Primero probaba ella la comida, y luego me la daba. No puedo ofrecerle nada a Dios sin haberlo probado antes. ¿Cómo puedo saber si la comida está bien hecha y se puede comer?

Esto es verdadera devoción, esto es devoción sincera. Actualmente, nuestra devoción es falsa, irracional y fingida. No es sincera. Estamos de pie a oscuras con las manos juntas. Nuestras palabras son falsas, pero tenemos el atrevimiento de decir que «la vida es una esclavitud». La vida no es una esclavitud;

lo que es una esclavitud es nuestra falsa personalidad. Hemos creado una personalidad falsa; hemos creado una falsa atadura.

Te pido encarecidamente que dejes a un lado todas las formalidades y el engaño. Vive las experiencias de tu vida con autenticidad y verdadera intensidad. Entonces verás que cualquier pequeña tarea también se convierte en devoción. Estar de pie o estar sentado puede convertirse en un acto de devoción. Darle la mano a alguien puede ser un acto devoción. Mirar a alguien profundamente a los ojos con amor es devoción. Empezarás a notar que la divinidad te rodea por todas partes. Los templos de la divinidad están en todas partes; empezarás a verlos en las piedras, en los guijarros, en cada hoja, en cada flor. Y cada palabra es una palabra de la divinidad.

Cuando vivimos con autenticidad, estamos auténticamente conectados con la verdad de la vida. Pero no vivimos auténticamente, por eso no estamos conectados con la vida.

Hemos terminado por hoy. Hay algunas preguntas más en torno a esta cuestión, pero las contestaré mañana. Ahora vamos a sentarnos para la meditación de la noche.

En el contexto de la conversación de hoy, observa si tu meditación es auténtica o no. Observa si te sientas a meditar porque lo hace todo el mundo, o si lo haces con toda tu energía. Es probable que lo hagas porque todo el mundo lo hace, y así formas parte del grupo… Te sientas a meditar porque has venido a este retiro, has viajado hasta aquí. Si lo haces de esta manera, tu meditación no echará raíces. En cambio, si participas poniendo toda tu energía, jugándotelo todo… Nadie sabe si volverás a ponerte

de pie después de la meditación. ¿Quién sabe? Quizá sea este tu
último momento, y si te lo pierdes, ¡se irá para siempre! ¿Cómo
puedes saberlo? Quizá sea tu último instante de vida.

Un joven *sannyasin* fue a un *ashram*. La norma para todo el
que llegará allí era dar tres vueltas alrededor del gurú, tocarle
los pies siete veces y sentarse frente a él para hacerle alguna
pregunta. Este joven, al llegar, se fue directamente hacia al
gurú, le puso las manos en los hombros y dijo:

–He venido a hacerte varias preguntas.

–¡Qué malos modales tienes! –dijo el gurú–. ¡Qué ignorante! ¿Acaso no sabes que primero tienes que dar tres
vueltas en torno a mí, tocarme los pies siete veces, sentarte
y luego hacerme las preguntas? De lo contrario, no recibirás
una respuesta.

El joven dijo:

–¿Y por qué tres vueltas? ¡Puedo dar cien vueltas! ¿Por
qué tengo que tocarte los pies siete veces? Puedo hacerlo se-
tecientas veces…, pero ¿me puedes prometer que voy a poder
completar esas tres vueltas? ¿Vas a estar vivo cuando acabe?
¿Puedes responsabilizarte de que yo esté vivo? Mi pregunta y
la respuesta son prioritarias. Dame primero la respuesta, y, si
tenemos tiempo, daré vueltas en torno a ti y te tocaré los pies.

El gurú miró a sus otros discípulos y dijo:

–Por primera vez viene un buscador auténtico y sincero
a hacerme una pregunta. Ni siquiera necesita una respuesta.
La pregunta misma es suficiente; le conducirá a la respuesta.

Si meditas con totalidad, con plenitud, la iluminación puede ocurrir ahora mismo. Puede ocurrir aquí y ahora, en este mismo instante, siempre que medites con toda tu energía.

Swami Ramateertha era estudiante de matemáticas. Tenía un estilo particular. Si una hoja de examen tenía doce preguntas y el examen consistía en resolver siete de ellas, él respondía las doce preguntas y le daba al examinador la opción de corregir siete. Estaba seguro de que las doce preguntas estaban bien. Cuando estaba estudiando para obtener la licenciatura, empezó a resolver un problema a las siete de la tarde. A las tres de la mañana aún no lo había resuelto.

Un amigo le dijo:

–Te vas a volver loco. Pronto amanecerá y has estado toda la noche con el mismo problema. Ni siquiera sabes si esa pregunta va a salir en el examen. ¿Por qué no pasas a otra pregunta?

–Imagínate que saliera en el examen esta pregunta, –dijo Ramateertha–, entonces sería la primera vez que no contesto todas las preguntas. Contestaría todas menos una. No, no puede ser, tengo que resolver este problema. No se trata de que salga en el examen. No poder resolver un problema es un desafío para todo mi ser. Tengo que resolverlo.

Eran las tres y media. Dieron las cuatro. Solo faltaban dos horas hasta el amanecer. Había pasado toda la noche sin poder resolver la pregunta. Su amigo estaba preocupado y dijo:

–¡Lo que estás haciendo es una locura absoluta!

Ramateertha se levantó, abrió su cartera, sacó un puñal y lo puso sobre la mesa. Programó el despertador para quince minutos más tarde, y le dijo a su amigo:

–Si no consigo resolver este problema dentro de quince minutos, me clavaré este puñal.

El amigo dijo:

–Pero, ¿te has vuelto loco? ¿Qué importancia tiene que resuelvas ese problema?

Pero Ramateertha ya no le oía hablar. Tenía el puñal frente a él. Se centró en resolver el problema. Era una noche fresca. El aire era frío, pero al cabo de tres minutos empezaron a brotar gotas de sudor de su frente. Todo su cuerpo estaba empapado de sudor. Antes de que transcurrieran cinco minutos, dio con la solución. Se secó la frente y le dijo a su amigo:

–Ya tengo la solución.

El amigo dijo:

–Es una buena técnica. Si alguna vez me encuentro en el mismo dilema, colocaré el puñal frente a mí y me pondré la alarma. ¿Quién va a usar el puñal? Aunque empiece a sonar el despertador y el problema no esté resuelto, ¿qué importa?

Ramateertha dijo:

–Para ti solo es una técnica, pero no lo es, yo no te estaba engañando. Puedes tener la seguridad de que este puñal me habría atravesado el pecho al cabo de quince minutos.

Cuando una persona se enfrenta a un problema con esa totalidad, el problema deja de tener fuerza, deja de tener energía.

Cuando una persona se enfrenta a las cosas con toda su alma, ¿puede quedar algún problema? ¿Puede quedar alguna pregunta sin resolver? ¿Cómo va a ser imposible resolver un problema? ¿Qué confusión puede seguir habiendo? ¿Qué escollo no podrá superarse? ¡No hay nada que haya podido desanimar a una persona que se juega la vida, ni lo habrá! Desaparecen todos los impedimentos. Se abren todas las puertas. Se desbloquean todas las cerraduras. Pero no sabemos vivir con totalidad. La meditación puede ser la clave. Para meditar, tenemos que arriesgarlo todo. Tenemos que hacer las cosas con mucho poder, con toda nuestra energía.

Quiero que sepas que la meditación es la llave del tesoro, pero solo podrán encontrar esta llave los que muestren una disposición absoluta, los que pongan toda su energía, todas sus oraciones. Puede ocurrir hoy mismo. Puede ocurrir en este mismo instante. ¡Ni siquiera tienes que hacerlo, puede ocurrir mientras te hablo!

Ahora nos sentaremos para la meditación de la noche.

- Busca un sitio porque tendrás que tumbarte. En silencio, sin hacer ruido, sin hablar. Busca tu propio sitio. Y esta noche hazlo con toda tu alma, porque solo podemos hacerlo hoy y mañana, y luego nos iremos.

- Por favor, no hables ni te rías. No hables nada en absoluto porque será perjudicial para ti. Si el suelo no está regular, túmbate de manera que tu cabeza quede más alta. No debes estar en contacto con nadie. Separaos, dejad espacio. Si tienes algún inconveniente en tumbarte junto al resto de la gente, puedes irte fuera. Busca un espacio donde quieras, simplemente túmbate en silencio donde quieras.

• Supongo que ya tienes un sitio. Hazlo deprisa, túmbate en silencio. No des vueltas. Siéntate y túmbate.

• En primer lugar, pon el sentimiento «Estoy empezando a meditar» en el centro de tu corazón, con sinceridad absoluta. Hazlo con toda tu energía, con todo tu ser: «Estoy entrando en la nada. Lo hago con convicción. No estoy meditando como una mera formalidad. Es como si estuviera en juego toda mi vida; para mí es una cuestión de vida o muerte». Pon este sentimiento en el centro de tu corazón. Después cierra los ojos y relaja tu cuerpo.

• Cierra los ojos. Deja que tu cuerpo se relaje. Esta noche es tan indescriptible que probablemente ocurrirá algo. Lo deseas tanto que seguramente ocurrirá algo. ¿Quién puede impedírtelo? Relaja tu cuerpo y cierra los ojos.

• Ahora te daré algunas sugerencias. Experiméntalas con todo tu ser a medida que las vaya dando, entonces podrá suceder algo.

• Primero, imagínate que tu cuerpo se relaja. Tu cuerpo se está relajando… Tu cuerpo se está relajando… Tu cuerpo se está relajando del todo… Tu cuerpo se está relajando. Tu cuerpo está completamente relajado, como si no existiera. Déjate llevar… El cuerpo se está relajando… El cuerpo se está relajando… El cuerpo se está relajando… El cuerpo se está relajando… El cuerpo se ha relajado.

• La respiración también se relaja. La respiración se relaja… La respiración se relaja… La respiración se relaja… Deja que la respiración se relaje completamente. La respiración se relaja… La respiración se ha relajado.

• La mente también se está quedando tranquila. La mente se está quedando tranquila… La mente se está quedando tranquila. La mente se ha quedado tranquila.

• El cuerpo se ha relajado, la respiración se ha relajado y la mente se está quedando tranquila. Y ahora escucha en tu interior cualquier sonido que oigas con conciencia plena. Simplemente sigue escuchando, no tienes que hacer nada más. Oirás el silencio de la noche… Oirás el sonido del viento, oirás el rugido distante del mar, sigue escuchándolo todo tranquilamente… Sigue escuchando con atención.

• Escucha… Sigue escuchando en silencio absoluto durante diez minutos. Sigue escuchando los sonidos de la noche.

• Sigue escuchando… Escucha el silencio de la noche. Finalmente, ese mismo silencio te llenará. La mente se irá quedando en silencio… La mente se ira quedando completamente en silencio. Escucha, escucha los sonidos de la noche… Serás capaz de escuchar hasta el sonido más pequeño. Totalmente atento, el sonido del viento…

• En la existencia hay muchos sonidos, sigue escuchando en silencio… A medida que prestas atención a los sonidos, la mente se va quedando en silencio. La mente se va quedando en silencio… La mente se va quedando en silencio…

• La mente se está quedando en silencio… Sigue escuchando, presta atención a los sonidos de la noche. La mente se está quedando en silencio absoluto… La mente se va quedando en silencio.

• Sigue escuchando la quietud de la noche… Al final, solo oirás el viento y el sonido de la noche. Tú habrás desaparecido, ya no estarás, no serás nada. Sé uno con la vida. La mente está muy tranquila… Abandónate. Desaparece…

• La mente se ha quedado completamente en silencio… La mente se ha quedado en silencio… La mente se ha quedado en silencio…

• La mente se ha quedado absolutamente en silencio…

6. El amor es un camino hacia la divinidad

En el discurso del primer día os hablé de la actitud de asombro silencioso hacia la vida. En el del segundo día os hablé del incontenible espíritu de felicidad y placer hacia la vida. Y hoy, que es el tercer día, me gustaría hablaros de la importancia de que el corazón esté completamente inmerso en la vida.

El tercer principio es el amor. El ser humano puede alcanzar un estado con el amor que no alcanzará con el conocimiento. Sin embargo, no sabemos qué es el amor. Circulan tantas monedas falsas en nombre del amor que es difícil reconocer lo que es genuino. Todo el mundo sabe que hay una ley económica por la que las monedas falsas desplazan del mercado a las monedas auténticas.

Amor es la palabra menos comprendida del lenguaje humano. Este malentendido ha creado infinidad de problemas, violencia, peleas, luchas y batallas. Por eso es tan importante entender este concepto denominado amor.

Actualmente, el estilo de vida que llevamos deja claro que el punto cardinal de nuestras vidas es que probablemente todos deseamos, ansiamos y anhelamos el amor. Si queremos descubrir la esencia de la vida, veremos que esta esencia no es otra que el amor. En el fondo, el estímulo de nuestra vida siempre es el mismo anhelo, el mismo deseo…, y es el deseo de amar. Si este deseo no se cumple, la vida nos parece absurda. Si no se cumple el anhelo principal, no es extraño que creamos que la vida no tiene sentido, que está estancada, que es una esclavitud, que es una preocupación constante. No podemos dar amor ni podemos recibirlo de los demás.

Cuando no se satisface el amor, cuando la semilla del amor no puede brotar, la vida parece absurda, oscura, es un sinsentido, es incomprensible. La consecuencia del fracaso del amor es que la vida nos parece absurda. Cuando el amor abunda, la vida está llena de sentido; cuando fracasas en el amor, la vida no tiene un propósito. Cuando tienes éxito en el amor, la vida vuelve a tener sentido y te sientes pleno y agradecido.

¿Qué es ese deseo de amar? ¿Qué son esas ganas locas de amar? ¿Qué es lo que estamos buscando en nombre del amor y no conseguimos encontrar? Toda nuestra vida gira en torno al amor. Por amor luchamos batallas. Por amor generamos riqueza. Por amor nos subimos a la escalera del éxito. Incluso el *sannyas* o la búsqueda de la verdad se emprende por amor. Abandonamos nuestra casa y nuestra familia por amor. La raíz, la fuente de ese movimiento que es la vida, es el amor.

Las personas que se embarcan en el viaje de la ambición, las personas que buscan el éxito… ¿Sabías que intentan conseguir a través del éxito lo que no han podido conseguir con el amor?

¿Sabías que cuando la gente llena su caja fuerte de dinero y que no se cansa de ganar dinero, están intentando conseguir con esto lo que no han conseguido con el amor? ¿Sabías que la gente que hace guerras e invade otros países anexionándose tierras, intenta conseguir de este modo lo que no ha conseguido con el amor? Todas las actividades del hombre, todos los esfuerzos, todas las vueltas, toda la lucha, están centradas en el amor. ¿Qué es este deseo de amar? En primer lugar, vamos a intentar entender este deseo y así podremos entender algo más.

Como os dije ayer, cuando nace un ser humano su cuerpo se separa del de la madre y ese nuevo ser empieza su andadura por separado. Ese ser individual comienza su viaje en soledad por este colosal universo. Una pequeña gota se sale del océano y se adentra en el cielo infinito. Un pequeño grano de arena salta de la orilla y flota en el aire. La persona se separa de la madre, la gota se separa del mar y se pierde en el cielo infinito. Esa gota quiere volver a unirse con la totalidad; lo que está separado, lo que está distante, quiere unirse con el todo. El amor quiere estar con el otro, quiere ser uno con el todo. El amor busca la unidad, busca la no dualidad. El amor solo anhela una cosa: ser uno con el todo, estar unido al todo.

La separación y la distancia es lo que le causa sufrimiento al individuo. El estar separado de los demás le provoca angustia y miedo. La gota quiere volver a ser uno con el mar. El deseo de amar no es otra cosa que el deseo de ser uno con el todo; ese es el anhelo, esa es la oración. Detrás de la sensación visceral de necesitar amor, está la búsqueda de la unidad…, pero, la busquemos como la busquemos, siempre estaremos abocados al fracaso. Es posible que lo que nos aleja de la unidad sea la dirección en la que estamos buscando; vamos en una dirección equivocada. Hay monedas falsas que han entrado en circulación en nombre del amor.

La búsqueda de la unidad del ser humano ocurre en el plano físico. Quizá no sepas que en el mundo no puede haber unidad en el plano físico. En el plano corporal no hay posibilidad de unión. La materia es irremediablemente atómica y los átomos están separados. Aunque dos átomos estén muy próximos, no pueden ser uno solo. Siempre habrá un espacio entre ellos, siempre habrá una distancia. La materia es atómica por naturaleza. Cada átomo está separado del otro. Dos átomos no pueden convertirse en uno solo por mucho que lo intentemos de un millón de formas. Hay una distancia que los separa. Esa distancia entre los dos átomos siempre está ahí. Por muy cerca que estén –y nos parezca que son uno– siempre habrá una distancia entre los dos. Aunque estén muy juntos, hay una cierta distancia. Y esa distancia no se puede eliminar.

Cuando estamos enamorados, nos abrazamos, unimos los corazones. Los dos cuerpos se juntan, pero siempre hay una distancia, nunca deja de haberla. Por eso, aunque estés estrechamente abrazado, sabes que estás separado del otro, que no estás lo suficientemente cerca, que no eres uno con el otro. Aunque los cuerpos estén muy próximos, las esperanzas de alcanzar la unión no se cumplen. El amante siente que ha fracasado. La persona con la que quería ser uno estaba muy cerca, pero no ha habido tal unión. No se da cuenta de que el cuerpo tiene sus propios límites. En el plano corporal no se puede alcanzar la unión. En el plano material no puede haber unión. La propia naturaleza de la materia exige que haya una separación, que haya una distancia, que haya una grieta.

Pero el enamorado no lo ve. Al contrario, cree que la persona a la que ama no le corresponde lo suficiente, y eso le hace sentirse separado. Es absurdo querer unirse con alguien en el plano corporal, pero él no se da cuenta de esto. Cree que la persona de la que espera recibir amor no le quiere lo suficiente, y por eso no pueden ser uno. Entonces, se enfada con su pareja sin darse cuenta de que el error están en el plano en el que busca el amor.

Este es el motivo por el que, en cualquier parte del mundo, el enamorado siempre está furioso con el objeto de su amor. Marido y mujer se intercambian palabras ofensivas. En cualquier parte del mundo, las parejas están llenas de rencor hacia el otro. Esto es así porque su deseo de unidad no se ha cumplido, ha fracasado. Todos creen que la culpa del fracaso la tiene el otro, y por eso están furiosos el uno con el otro. Pero, en esencia, el problema es que están buscando la unión en un plano equivocado.

No nos damos cuenta de que no se puede encontrar el amor en el plano corporal. La necesidad de unión nos hace querer poseer a la persona que amamos. Queremos convertirnos en su único dueño. No queremos que nadie restrinja nuestros derechos de propiedad, no vamos a permitir que nada limite nuestra posesión. Para que nuestra unión con la amada no disminuya, establecemos la propiedad sobre ella. Queremos afianzar la unión, construimos un muro en torno a la amada para que no se pierda, para que no se escape, para que no se vaya en otra dirección, para que no se enamore de otra persona.

Los amantes quieren poseerse el uno al otro. Pretenden ser el dueño del otro, sin entender que el amor nunca quiere poseer a nadie. Esto aumenta la distancia entre los amantes, se agranda la grieta. El amor no es violento, pero la posesividad sí; la posesividad crea enemistad. Poseer a alguien es como tenerle agarrado por el cuello. Poseer significa encadenar. Tu amor te genera miedo a que la distancia con tu amado aumente. Por eso quieres que esté cada vez más cerca. Intentas asegurarlo de todas las formas posibles, creyendo que, de ese modo, se tapará la grieta que hay entre los dos y se eliminará la distancia que os separa. Cuanto más intentes tapar la grieta, más se agrandará.

Luego surge la impotencia, la infelicidad, el miedo. El amante piensa que la persona a la que ama no le corresponde de la misma manera y busca a otra persona. Piensa que a lo mejor se ha equivocado y sus ojos empiezan a buscar a otra persona a la que amar. La grieta sigue estando ahí. No entiende que no es posible la unión en el plano físico. No se trata de que sea un cuerpo u otro…; la unión en el plano físico del cuerpo no puede existir para nadie. La humanidad ha buscado la unión en el plano físico y por eso el fenómeno del amor no se ha dado en el mundo.

Como ya os dije, el esfuerzo de poseer y ser dueño de

alguien, naturalmente, provoca celos entre las dos partes. Siempre que hay posesión, hay celos. Por eso la flor del amor está rodeada de espinas, y el amor se restringe desde todos los ángulos. No es extraño que tu amor se marchite por culpa de los celos. El amor empieza a arder incluso antes de nacer. Lo ponen en la pira funeraria nada más nacer. Todos los días ponemos el amor en la pira funeraria de los celos. Cuando hay posesividad, surgen los celos. Todo el mundo teme que otra persona posea a la persona que llama «mi» o «mío». En cuanto surgen los celos, surge el miedo, la inquietud, el nerviosismo, y empezamos a vigilar a nuestra pareja. Todo esto surge para matar al amor. El amor no necesita que lo vigilen, el amor no tiene nada que ver con los celos. Si hay celos, no puede haber amor. Si hay amor, no puede haber celos. Pero, en realidad, en este mundo no existe el amor en absoluto.

Cuando llega al puerto del amor, el barco de tu vida debería recobrar fuerzas; sin embargo, se hace astillas. El barco que teníamos que usar para nuestro viaje está destrozado porque amamos de la forma equivocada. Lo primero que os quiero decir es que el amor en el plano material no es posible. Es imposible. No es que «tú y yo» hayamos fracasado, sino que es una imposibilidad para la humanidad y para la vida misma. En el plano material nunca podrá haber una unión. Y cuando no lo conseguimos, nos parece que todo es un fracaso y una angustia.

Entonces llega algún profesor espiritual diciendo que el amor está mal, que la idea misma del amor está mal, que pensar en el amor está mal…; no pienses en el amor, muéstrate indiferente; vive indiferente al amor, cierra todas las avenidas de la vida que conducen al amor. Esto, una vez más, vuelve a ser un error. El amor ha fracasado porque iba en una dirección equivocada. El amor no tiene la culpa, el problema es la dirección.

Hay personas que sostienen que el amor ha fracasado. Dicen que debes ejercitarte para no amar, para alejarte del amor, para esconder tus sentimientos amorosos, para evitar que tu amor se dirija hacia nadie. Cuando el amor sale a la luz, se convierte en una adicción; así que es mejor mantenerlo guardado. No permitas que fluya. Sé indiferente a la vida. Olvídate del amor. Cuando la gente empieza a pensar de esta manera como consecuencia de su fracaso en el amor, el resultado es la desilusión. Quienes buscaban el amor erróneamente en el plano corporal son los mismos que ahora, erróneamente, le dan la espalda al amor. Estaban buscando el amor en la dirección equivocada, pero la búsqueda en sí no es un error.

No comprenden que lo único que está mal es la dirección, y concluyen que el error es la búsqueda del amor. Y así es como han nacido los profesores de la indiferencia. Empezaron a culpar al amor diciendo que el amor es malo, que es una atadura, que es un pecado…, para que la gente se cerrara. No entendían que si eliminan la posibilidad del amor en la vida, lo único que queda es el egoísmo; no hay otra posibilidad.

El amor es lo único capaz de atravesar y destruir el egoísmo. El amor es lo único que puede disolver y disipar el ego hasta que finalmente desaparezca. Las personas que huyen del amor solo pueden convertirse en egoístas. Se han quedado sin ningún método que les permita disolver y destruir el ego. El amor te permite salirte de ti. El amor es la única puerta por la que puedes salir de tu interior y empezar a recorrer el infinito. El amor te conecta con el infinito, que es el universo, que es la vida. Cuando alguien interrumpe su viaje hacia el amor, se rompe, se encierra y se encarcela en su propio «yo», en su propio ego.

Por un lado, hay personas que han fracasado en el amor, y, por otro lado, hay monjes –*saddhus* y *sannyasins*– con un ego inmenso. La búsqueda del amor es querer ser uno con el todo, con la totalidad. El ego se desarrolla cuando decides permanecer con el yo y no salir a la búsqueda del otro. Cuando decides que: «Yo soy yo y permaneceré separado. Estoy convencido de mi propia autoridad. He aceptado que soy yo mismo». Una gota ha aceptado que no es posible ni es necesario reencontrarse con el océano. Cuando una gota se encierra dentro de sí misma, nunca alcanzará la dicha. Se ha recluido en su interior, se ha empequeñecido, se ha vuelto insignificante. El ego te vuelve muy pequeño.

La dicha solo es posible dentro de lo inconmensurable, lo gigantesco, y no de lo insignificante, de lo pequeño. La dicha es posible en el infinito, no en lo finito, donde hay un límite, donde hay infelicidad. La dicha está donde está lo ilimitado. Donde hay límites, donde hay un final, hay muerte. Donde no hay límites, hay infinito, hay inmortalidad. Donde no hay límites, no hay un final, no hay muerte. El ego está conectado con cosas insignificantes. Cree que está separado y por eso detiene y frena el fluir, el fundirse, el desintegrarse. Se contiene para evitar fundirse con el todo.

Me contaron que…

Un río iba camino hacia al mar. Estaba fluyendo hacia el mar, como hacen todos los ríos. ¿Qué le ejercía tanta atracción? Su esperanza de encontrar el mar, de ser uno con el mar; su anhelo de unirse con el todo, de escapar de sus orillas y de todos sus límites, de ser uno con el océano que no tiene un cauce. En su interior había un profundo anhelo que le hacía fluir. El río fluía igual que fluye la conciencia humana para ser uno en el océano de la conciencia infinita, igual que fluye el amor.

En el camino se encontró un amplio desierto, y el río empezó a perder terreno en el desierto. Empezó a luchar, a pelear. Pensó en abrirse camino a través del desierto. Ya había atravesado montañas y arrasado pueblos en su camino. Había trazado nuevos caminos. Pensó en crear nuevos caminos por el desierto. Pasaron los meses y los años, pero no consiguió hacer un camino en el desierto. El río empezó a desaparecer; la arena del desierto iba absorbiendo toda el agua. El río no conseguía abrirse camino. Estaba preocupado y empezó a llorar.

La arena del desierto le dijo:

–Si me haces caso, te diré cómo puedes salir de aquí. El río solo puede atravesar el desierto si se hace uno con el viento, si se abandona al viento. En cuanto lo hace, el viento se lo lleva en su grupa. Y, de ese modo, el río puede cruzar el desierto, pero nunca lo conseguirás luchando con el desierto. Muchos ríos lo han intentado y se han perdido. Solo han sobrevivido los que han sido capaces de desaparecer, convertirse en vapor y montarse en la grupa del viento. Así es como han logrado cruzar el desierto.

Pero el río arguyó:

—¡Estás diciéndome que me pierda! Yo no quiero desaparecer.

La arena del desierto le dijo:

—Si quieres sobrevivir, tendrás que desaparecer. Es la única forma de seguir vivo.

No sabemos si el río le hizo caso o no. Probablemente, sí, porque los ríos no son tan tontos como las personas. Se habrá subido encima del viento. Habrá cruzado el desierto. Se habrá convertido en una nube, se habrá dejado llevar y habrá viajado a un nuevo mundo.

El ego del hombre se separa de la totalidad con su lucha, y no está dispuesto a desaparecer por su propia cuenta. Cuanto más lucha, más se separa y más perdido está.

¿Contra quién estamos luchando? Contra nuestras propias raíces. ¿Contra qué luchamos? Contra nuestra forma más amplia. ¿Contra quién estamos luchando? Contra nuestra autoridad final. Nos separamos, nos alejamos, nos destruimos, nos volvemos infelices, nos complicamos…, para intentar salvarnos del amor.

Recuerda que estoy diciendo que el amor es el deseo de ser uno con el todo. Solo podrás alcanzar la unidad si estás dispuesto a desaparecer. Si no estás dispuesto a desaparecer, se abre una nueva dirección: la dirección del ego. Entonces querrás engrandecerte, querrás volverte fuerte y duro, querrás levantar grandes murallas a tu alrededor, querrás fortificarte. Y te verás implicado en el viaje exterior de convertirte en una persona fuerte.

Lo amantes fracasan porque buscan la unidad en el plano corporal. Los *sannyasins* fracasan porque deciden estar separados en el plano del ego. El ego no es un camino en absoluto. El ego te lleva por el camino de la infelicidad. El ego solo es una ilusión. El «yo» no existe, solo es una palabra. Cuando todas las palabras desaparecen y la persona se queda en silencio, se da cuenta de que en su interior no hay un «yo».

Intenta estar en silencio. Intenta dejar de hablar y estar en silencio un día; verás que dentro de ti no hay un «yo». El «yo» no existe. Solo hay una existencia, una entidad, pero no hay un «yo». El «yo» es un invento del hombre; es un descubrimiento del hombre; es absolutamente falso. Es tan falso como nuestros nombres. Nadie nace con un nombre, pero en cuanto nace un niño le ponemos un nombre para que la gente pueda dirigirse a él. El nombre tiene una utilidad, pero en sí mismo, no es nada. No existe. Los demás pueden llamarme por mi nombre, pero ¿cómo me llamo yo? Yo me llamo «yo»; «yo» es el nombre que yo mismo me he puesto. Los demás me han puesto un nombre para dirigirse a mí. Ese nombre es tan falso como el sentimiento de «yo». Pero fortalecemos cada vez más ese «yo», diciendo: «yo necesito ser libre», «yo necesito a Dios», «yo necesito ser feliz». Pero ese «yo» no puede hacer nada, básicamente porque es falso, es mentira. Y cuando una cosa es mentira, no puede conseguir nada.

El «yo» es un fracaso y el amor también. Solo hay dos direcciones: una es la dirección del amor y otra es la dirección del ego. En la vida del ser humano, estas son las dos únicas opciones. La primera es el amor y la segunda es el ego. El amor ha fracasado porque lo buscamos en el plano corporal. El «yo» ha fracasado porque es falso.

¿Cuál es la tercera alternativa? Hay una tercera posibilidad, y es buscar el «yo» en la dirección correcta. El fenómeno del amor ocurre en el plano de la conciencia y no del cuerpo. Cuando intentamos llevar el amor al plano del cuerpo, lo objetivizamos. Proyectamos nuestro amor hacia alguien e intentamos dirigir nuestro amor hacia su cuerpo. Pero, dado que el cuerpo se puede ver y tocar, nos rebota nuestro amor. La otra persona no lo recibe.

Para que tu amor sea un fenómeno espiritual, para que tu amor sea un fenómeno de la conciencia… Para que tu amor sea un asunto de la conciencia, no puedes dirigirlo hacia un objeto; tiene que ser subjetivo. Entonces ese amor no es un vínculo, sino un estado.

Un día, llegó un hombre para ver a Buda. Estaba muy ofuscado. Insultó al Buda de todas las formas posibles. Estaba tan cargado de ira que le escupió en la cara. El Buda se limpió con un trapo y le preguntó:

–Querido amigo, ¿tienes algo más que decir?

Ananda, que estaba sentado junto al Buda, estaba furioso. Las palabras «¿tienes algo más que decir?» que había dicho el Buda le dejaron desconcertado, y dijo:

–¿De qué estás hablando? ¿Este tipo te acaba de escupir y solo le preguntas si tiene algo más que decir?

Buda respondió:

–Yo le entiendo. Está tan ofuscado que las palabras no alcanzan para expresar su enfado. Por eso ha tenido que escupir. Y yo le he entendido, por eso le he preguntado si tenía algo más que decir.

El hombre se levantó y se fue. Después se empezó a arrepentir. No pudo dormir en toda la noche. A la mañana siguiente fue a pedirle perdón. Reclinó su cabeza sobre los pies del Buda. Al levantarla, el Buda le preguntó:

–¿Tienes algo más que decir?

El hombre dijo:

–Señor, ayer me preguntaste lo mismo.

El Buda contestó:

–Hoy te vuelvo a hacer la misma pregunta porque creo que tienes algo más que decir. Las palabras no lo pueden transmitir, y cuando apoyas tu frente en mis pies, estás tratando de decirme algo. Ayer lo hiciste escupiendo. Por eso te pregunto si tienes algo más que decir.

El hombre respondió:

–No, señor, nada más. He venido a pedir tu misericordia.
Ayer no pude dormir en toda la noche. Mi mente pensaba:
«Hasta ahora solo he recibido amor del Buda. Hoy le he es-
cupido. Quizá no vuelva a recibir el mismo amor».

El Buda se echó a reír y dijo:

–Ananda, ¿has oído eso? Este hombre habla como si estuviese loco. Dice que el otro día recibió mi amor, y después
de haberme escupido a la cara ayer, tiene miedo de no volver
a recibirlo. A lo mejor se cree que ha recibido mi amor por
no haberme escupido. Y después de escupirme, el amor ha
desaparecido.

»Estás loco. Yo amo porque solo puedo amar; es lo único
que puedo hacer. Tú me has escupido, me has gritado, te has
inclinado a mis pies…, pero nada de eso modifica mi actitud.
Yo solo veo amor. La luz del amor arde en mi interior. Todo
el que pasa a mi lado recibe mi amor. Si no pasa nadie, mi
lámpara seguirá brillando en soledad. No depende de nada.
Es algo que forma parte de mi naturaleza.

Mientras que tu amor siga enfocado en el otro, seguirás buscando el amor en el plano corporal e, irremediablemente, fracasarás. Pero cuando enciendes la lámpara del amor en tu interior,
ese amor no está vinculado a nadie; es tu propio estado. Se
convierte en parte de tu naturaleza; entonces, en tu vida solo
experimentarás amor. Cuando tienes en el bolsillo una mone-
da de amor auténtica, no preguntas: «¿Qué es el amor?». No
preguntas: «¿Por qué surge el amor?». El amor no tiene mo-

tivos. El amor no se dirige hacia una cosa u otra. El amor es amor. Si alguien está cerca, compartirá la luz de tu lámpara de amor. Si hay una persona cerca, esa persona lo compartirá; si se trata de un árbol, el árbol lo compartirá; si se trata del mar, el mar lo compartirá; si se trata de la luna, entonces la luna lo compartirá…, y aunque no haya nadie para compartirlo, la lámpara del amor seguirá brillando sola.

El amor es un camino hacia lo divino. Pero el amor que conocemos a nivel corporal nos lleva al infierno. El amor que conocemos es la puerta de un hospital psiquiátrico. El amor que conocemos es la puerta a todas las discusiones, las riñas, las peleas, la violencia, el enfado y el odio. Ese amor es falso. El amor del que yo os hablo es el camino que te conecta con la divinidad. Ese amor no es una relación. Ese amor es tu propio estado. No depende de otra persona, solo de ti.

Hay más cosas que deberías saber sobre este tipo de amor. Es conveniente recordar ciertas cosas de este mundo del amor.

En primer lugar: si sigues asociando el amor a una relación, nunca podrás alcanzar el punto del verdadero amor. Todo lo que dices del amor es un error. Tu definición del amor es una ilusión. El amor no se manifestará en tu vida mientras lo sigas viendo en relación con alguien: mientras la madre hable del amor a su hijo, el amigo hable del amor a su amigo, la mujer hable del amor a su marido o el hermano hable del amor a su hermana.

No pienses en términos de relación. No se trata de amar a alguien. Tienes que rebosar amor, tienes que estar repleto de amor las veinticuatro horas del día. El amor entra y sale con el ritmo de tu respiración. Tu vida debería expresar amor en todas las etapas: cuando duermes, cuando estás despierto, cuando te levantas… Es una actitud cariñosa, como una flor que desprende su aroma.

¿Para quién desprenden su aroma las flores? Para el que pase por ahí. Quizá las flores ni siquiera sepan que pasa alguien. El aroma es para el que las recoja, trence una guirnalda y se la ofrezca a la existencia. ¿Para quién es la fragancia que desprenden? Para nadie en concreto. Es algo que se desprende del deleite de las flores. La flor se deleita cuando florece, cuando desprende su fragancia.

¿Para quién brilla la luz de una lámpara? ¿Es para alguien que ha perdido el camino en la oscuridad? ¿Es para que las personas puedan vislumbrar la cuneta de la carretera? La luz de la lámpara es para la lámpara misma; si además la luz te permite entrever la cuneta, es otro tema. La luz brilla porque esa es su naturaleza. La luz lo inunda todo, como la lluvia…, porque la lámpara está en estado de dicha.

El amor debería convertirse en tu propia naturaleza. Deberías irradiar amor cuando te levantas, cuando te sientas, cuando duermes, cuando te despiertas, como la fragancia de una flor, como la luz de una lámpara. Cuando ocurre esto, el amor se convierte en una oración; el amor se convierte en el camino hacia la divinidad. Entonces el amor te conecta con el todo, con el infinito.

Esto no significa que no te relaciones con amor. Estás enamorado todo el tiempo. Tienes relaciones, pero tu amor no se limita a las relaciones. Va más allá. Surge de tus profundidades. En este estado, la mujer sigue siendo la mujer, el marido sigue siendo el marido, el padre sigue siendo el padre, y la madre sigue siendo la madre. Seguirá amando a su hijo…, pero esto es debido a que está en un estado de amor, no porque se trate de su hijo. La mujer seguirá amando; el amor seguirá fluyendo porque es su propio estado, no porque ese hombre sea su marido. La fuente está dentro de ella. Sale de su interior y fluye hacia afuera. Es su estado interior, no es algo que proviene del exterior.

Actualmente vivimos el amor como algo que proviene del exterior. Por eso se convierte en una lucha. Si obligas a algo a que crezca, lo conviertes en dolor y en sufrimiento. El amor del que yo hablo es un fenómeno completamente distinto. Nace espontáneamente, naturalmente. La vida rebosa ese amor, pero ese amor no es una relación.

Un buscador tiene que acordarse de que su estado mental debería ser el amor. Solo así avanzará por el camino hacia la divinidad, por el camino hacia la verdad. Solo así podrá alcanzar el templo de la divinidad.

Lo primero que hay que tomar en consideración es que tenemos que olvidarnos de que el amor es una relación con alguien. Esa definición es un error; nuestro enfoque del amor es un error. Si tienes un enfoque equivocado y ves las cosas de una forma incorrecta, deberías corregirte y enfocarlo de la forma correcta. Antes que nada, intenta comprender hasta qué punto es absurdo un amor falso, un amor que se basa en una relación. Ese amor solo te conducirá al fracaso y la ansiedad.

El segundo punto es descubrir si se puede originar el amor en tu interior. Aunque no se manifieste en el exterior, debería surgir de dentro. Es posible. Cuando surge el amor, siempre surge en el interior. Es una semilla que está escondida en tu interior y puede brotar…, pero nunca le prestas atención. Has luchado toda tu vida para que surja el amor en una relación. Sin embargo, nunca se te ha ocurrido pensar que el amor puede adoptar otra forma, una que esté por encima del amor corriente.

Estamos intentando extraer petróleo de la arena. Así nunca lo conseguirás. Al exprimir la arena para extraer petróleo, nos olvidamos de que podemos obtenerlo de una determinada semilla. Todos queremos encontrar el amor en una vida centrada en las relaciones. Pero no tenemos éxito, es imposible. Estamos perdiendo el tiempo y nuestro esfuerzo; no miramos a la fuente de la que surge el amor.

El amor adopta la forma de un estado mental. Es la única forma en que se puede originar. Cuando surge el amor, siempre surge de esa manera. ¿Cómo se puede crear, cómo se puede originar, cómo se puede romper la semilla para que brote?

Deberías tener en cuenta estos tres puntos al respecto, estos tres principios. El primero es que, siempre que estés solo, intenta mirar en tu interior para ver si puedes estar repleto de amor cuando no haya nadie alrededor. Intenta llenarte de amor. ¿Puedes ser cariñoso cuando estás solo? ¿Tienes la misma mirada en los ojos cuando estás solo que cuando estás con tu amada? Cuando estás solo, totalmente en blanco, en soledad, en el vacío, ¿puedes conseguir que surja un río de amor que salga de tu corazón hacia un espacio vacío en el que no hay nadie, donde nadie ni nada lo recibe? ¿Puede fluir el amor en esa dirección?

Esto es lo que yo llamo oración. Una oración no es sentarse en un templo y decir algo con las manos juntas. Sentarte solo y permitir que el amor salga de tu corazón, ir en esa dirección, esto sí es oración. Intenta estar solo y comprueba si puedes estar en un estado amoroso. Ya sabes lo que se siente al estar sentado con otras personas y ser amoroso; ahora siéntate solo y observa si puedes estar en un estado amoroso.

El primer punto consiste en experimentar un estado de amor cuando estás sentado tú solo… Busca en tu interior, busca a tientas. Puede suceder, sucede y sucederá; no hay ningún inconveniente. El problema es que nunca lo has experimentado de esta forma, por eso no habías pensado en ello. Una flor florece y dispersa su fragancia en un sitio solitario. Capta la fragancia del amor en un sitio solitario, en soledad. Si consigues encontrarlo en tu soledad, te darás cuenta de que el amor no es una relación, sino un estado, un estado de conciencia.

Ahora el segundo punto, el segundo principio, es experimentar con el amor en el mundo no humano. Cuando levantes una piedra, hazlo como si la amaras. Cuando miras una montaña, hazlo como si te estuvieses viendo a ti mismo. En primer lugar, en soledad, y luego en el mundo de lo no humano. Mira la piedra, mira la arena, mira al océano como si estuvieses mirando a tu amado. Deja que fluya el amor, deja que tus ojos se pierdan. Aunque solo toques una silla, hazlo como si fuese tu amada.

¿Por qué en el mundo no humano? Porque, cuando amas a un ser humano, siempre recibes una respuesta. En cuanto recibes una respuesta, estableces una relación. Si miras al mar con amor, el mar no te dará una respuesta. No te abrazará ni te dirá: «Yo también te quiero». No habrá ningún tipo de respuesta, tu amor no tendrá una respuesta. No recibirás una respuesta del otro. Amas y tu amor se queda ahí. Si esperas una respuesta, el amor no te libera, sino que establece un vínculo. Si amas a alguien y no recibes ninguna respuesta, te sentirás triste, infeliz, estarás atormentado y angustiado.

Debería haber más ocasiones de experimentar el amor sin respuesta. La ocasión principal donde podemos experimentarlo es en el mundo no humano. Con un ser humano es más difícil. Puedes hacerlo con un árbol, con una piedra o con el mar. Por eso debes ofrecerle tu amor a todas estas cosas que hay en el mundo. De esa forma no tienes expectativas, es imposible; no esperas una respuesta. No tienes ninguna respuesta, pero sigues amando, y entiendes, por primera vez, que no hace falta dar amor esperando tener una respuesta. El amor no es pedir, el amor es dar. El amor es un regalo que tú das, no te deben nada a cambio.

La dicha del amor se siente al dar, no al recibir. Este segundo punto debe quedarte claro: el amor es dar, no exige nada. No esperes ninguna respuesta; no es necesaria. Tú le has dado tu amor al mar, y el mar lo ha aceptado; dale las gracias al mar. La piedra lo ha aceptado, dale gracias a la piedra. No se trata de esperar una respuesta. El segundo principio te permitirá experimentar el amor como un estado. Cuando no hay una respuesta, no se establece una relación.

Y ahora viene el tercer punto. El primero es la soledad, el segundo es el mundo no humano y el tercero es una humanidad con la que no tienes ningún vínculo. No limites tu amor a las personas con las que tienes vínculos; mándaselo a las personas que no tienen ningún vínculo contigo, a la gente que no tiene nada que ver contigo, a la gente que pasa por la calle, a la gente que viaja contigo en el tren o en el autobús, con la que no tienes nada que ver, con la que no te une nada; ama a esas personas. Estás viajando en autobús y hay alguien sentado a tu lado; ama a esa persona. Ama a las personas que no conoces, que son desconocidas.

El tercer principio es amar a un desconocido. Amar a un desconocido es un fenómeno distinto, amar a alguien que no conoces es un fenómeno distinto. Cuando amas a alguien que conoces, siempre tienes alguna expectativa. Se crea una relación. Alguien ha hecho algo que te ha favorecido, y por eso amas a esa persona. Y mañana él hará algo por ti, para que le quieras. Ese amor está vinculado a la ganancia y a la pérdida; está vinculado a las memorias del pasado y a las expectativas del futuro. El amor hacia un desconocido es un amor puro. No está vinculado a ganancia o a pérdidas. En ese caso, sería un medio para conseguir un fin, pero aquí no puedes jugar a ese juego porque no conoces a la otra persona. No sabes en qué lugar de este extenso universo podrá estar mañana. El tercer principio es amar a un extraño, amar a las personas que no conoces.

Sigue este tercer principio para estar en un estado en el que haya amor en tu interior. Si puedes amar una piedra, si puedes amar al mar, si puedes amar en soledad, ¿no vas a amar a las personas que tienes cerca, a las personas que tienen un vínculo contigo? Por supuesto que las amarás; el amor fluirá de forma natural. Es inevitable que los ames cuando hayas alcanzado estos tres principios. Se sentirán inundados por tu amor.

Ese tipo de amor también conllevará un cambio revolucionario. Cuando alguien es capaz de amar estando solo, cuando puede amar a un desconocido, su amor tiene una cualidad nueva. Una madre amará a su hijo como lo haría estando sola, como cuando ama a una piedra sin esperar una respuesta, como cuando ama a un desconocido y no le queda una cicatriz por el dolor de la separación al día siguiente. La mujer amará a su marido y el marido amará a su mujer, pero ese amor tendrá una cualidad distinta. Es un amor sin expectativas, sin exigencias, sin celos, sin odio, sin discusiones, sin peleas. Ese amor es como un regalo. A medida que este regalo natural aumenta, el ego disminuye hasta desaparecer.

El amor es la muerte del ego. Cuando no hay ego, somos uno con todo. Estamos conectados con la totalidad; la divinidad nos abraza. Anhelamos este encuentro; estamos buscando este encuentro, deseamos que suceda. La gota se ha separado del océano y anhela volver a estar dentro del océano. La partícula de arena que ha saltado al aire quiere volver a la orilla. De un modo parecido, todas las personas quieren volver al océano de la vida. Sin embargo, todo lo que hemos hecho hasta ahora no ha dado el resultado esperado. O bien hemos tomado el camino del amor falso, o bien hemos tomado el camino del ego, pero ambas cosas están mal.

¿Cuál es el amor correcto que te conducirá en esa dirección? Te he dado tres indicaciones. Experimenta con ellas para que el verdadero amor –que es tuyo, que es tu naturaleza, que es tu respiración– surja en tu interior. Entonces, todo lo que toques, veas y oigas se convertirá en el objeto de tu amor. Todo se convertirá en tu amado. El día que toda tu vida sea tu amada, entrarás en el templo de la divinidad, pero no podrá ocurrir antes. El día que toda tu vida sea tu amada, ese día todos los mensajes que recibas surgirán de la existencia misma.

Este fenómeno no es algo que vaya a caerte del cielo. Le puede ocurrir a cualquier persona si desarrolla su capacidad interior, si abre sus puertas internas, si se abre internamente, si permite que florezca su flor interior.

Este es el tercer principio. Llena tu corazón de asombro, sumérgete en los placeres de la vida, llena tu espíritu de amor. Y luego trasciende estos tres pasos y observa lo que ocurre.

El ser humano tiene un tesoro ilimitado a su disposición. Puede alcanzar una dicha infinita, y, sin embargo, vivimos una vida insignificante y permitimos que nos destruyan.

Antes de acabar, voy a contaros una pequeña anécdota. Después nos sentaremos para hacer la meditación de la mañana.

En la capital de cierto país, había un mendigo que solía sentarse al borde del camino. Llevaba mendigando veinte o veinticinco años. Un día se murió. Toda su vida había querido ser un rey; lo más normal es que todos los mendigos quieran ser reyes. Había pasado toda su vida mendigando, pero ¿cómo puede convertirse alguien en rey juntando monedas de una en una? Cuanto más se acostumbre a pedir, más mendigo será; será el rey de los mendigos. Veinticinco años antes solo era un pequeño mendigo, y después de tantos años se había convertido en el mendigo más famoso de la ciudad, pero no podía convertirse en rey.

Y le llegó la muerte. A la muerte no le importa, se lleva a los reyes y a los mendigos. Para ser sinceros, un rey es un gran mendigo, y un mendigo es un pequeño rey. ¿Hay alguna otra diferencia?

Cuando murió el mendigo, la gente se ocupó de eliminar su cuerpo. Creían que ese espacio debía estar muy sucio después de haber estado ocupando el mismo sitio durante veinticinco años. El suelo estaba aplanado y mugriento; había cacerolas y utensilios desperdigados por todo el cobertizo. Lo sacaron todo. Entonces a alguien se le ocurrió decir:

–Hasta la tierra debe estar sucia después de veinticinco años; así que vamos a excavar un poco el suelo, sacaremos la basura y luego lo limpiaremos.

Cuando se muere alguien, la gente se comporta así, y no tiene que ser necesariamente un mendigo. Aplican el mismo método a sus seres queridos. Excavaron la tierra y practicaron un agujero en el suelo.

Cuando terminaron de excavar, toda la ciudad se quedó sorprendida. Había una gran multitud en torno al sitio, se había reunido allí casi toda la ciudad. Debajo del lugar donde solía sentarse el mendigo descubrieron enterrado un inmenso tesoro.

–¡Qué tonto! –dijeron–. Se había pasado toda la vida mendigando y justamente debajo del sitio donde se sentaba, a poca profundidad, descubrieron varias vasijas grandes, pero el pobre seguía mendigando. Las vasijas estaban llenas de diamantes y joyas, y también había monedas de oro. Se podía haber convertido en un rey, pero nunca se le ocurrió mirar debajo del sitio donde estaba sentado. Extendía las manos para mendigar a la gente, que a su vez mendigaba a otros. Aunque ellos tampoco miraron debajo de sus pies. Tampoco excavaron su suelo. La gente de la ciudad decía:

–¡Qué mala suerte ha tenido ese mendigo!

Casualmente visité esa ciudad. Y yo también me uní a la multitud y les dije:

–No os preocupéis por ese pobre mendigo. Cavad debajo de vuestra propia casa. ¿Hay algún tesoro ahí escondido?

No sé si me hicieron caso o no. Yo te digo lo mismo: cava en tu propio terreno. Cava debajo de tus pies. Te aseguro que siempre encontrarás un tesoro. Aunque todos somos mendigos, siempre estamos mendigando en otro sitio. Dentro de nosotros tenemos un inmenso tesoro de amor, pero siempre estamos mendigando el amor de los demás. La mujer quiere que su marido la ame. El amigo le pide a su amigo: «Ámame, por favor». Un mendigo le está pidiendo dinero a otro mendigo; por eso, cada día que pasa, se deteriora más el mundo. A nadie le interesa encontrar el tesoro que está escondido debajo de sus pies.

Os he hablado de cómo podéis cavar en vuestro sitio. Hacedlo. Allí encontraréis un enorme tesoro de amor. El ser humano solo puede encontrar el tesoro divino cavando. Es la única manera, nunca ha habido ni habrá otra forma de encontrarlo. Esto completa el discurso sobre el tercer principio.

Ahora nos sentaremos para la meditación de la mañana. Antes de empezar, me gustaría deciros algo más. Los tres últimos días he dado un discurso por la tarde de tres y media a cuatro y media. Algunas personas me han escuchado mientras hablaba, y otras no. Algunas me han escuchado y me han entendido, y otras me han escuchado, pero no me han entendido.

Las palabras tienen ciertas limitaciones, tienen una capacidad limitada. Con ellas se puede expresar lo que se ve, lo que se experimenta, lo que se puede indicar. Pero estas indicaciones podrían darnos una dirección equivocada.

Para evitarlo, esta tarde nos vamos a comunicar sin palabras. Nos sentaremos juntos y nos comunicaremos en silencio. Lo haremos aquí, a las tres y media. Debéis llegar en silencio y ocupar vuestros lugares. No intercambiaremos palabra alguna durante toda la hora. Solo nos sentaremos en silencio. Me comunicaré con vosotros, y, si estáis atentos, quizá podáis oír o entender algo. Pero no lo haré a través de las palabras.

Estaremos sentados en silencio una hora. Solamente tienes que sentarte y disfrutar. Si alguien se quiere tumbar, puede hacerlo. Si alguien quiere apoyarse en un árbol, puede hacerlo. Si alguien quiere cerrar los ojos, puede hacerlo; si quiere mantenerlos abiertos, también puede hacerlo. No diremos ni una sola palabra, eso es todo. Solo nos sentaremos aquí en silencio. Estaremos observando durante una hora.

Estando en silencio, es posible que consigas oír algo, que sientas una conexión. Todas las conexiones y los vínculos de la vida ocurren en silencio. Las palabras nos desconectan, el silencio nos conecta. Nos sentaremos durante una hora para comunicarnos en silencio. Estad preparados.

Llegaréis a las tres y media, pero deberíais empezar a prepararos hacia las dos y media, porque los pensamientos tienen una inercia. Cuando una rueda está girando, si la paras, sigue dando vueltas sola durante quince o veinte minutos. A las dos y media deberías dejar de charlar, para estar en silencio a las tres y media.

Antes de venir es preferible que te des una ducha. Y ponte ropa limpia para empezar a ir en una dirección completamente nueva. Cuando vengas de camino hacia aquí, no hables, y al llegar tampoco. Haz como si vinieras solo. No te preocupes de que los demás hayan venido o no. Siéntate en silencio absoluto.

Si estás a punto de llorar, no te reprimas, llora. Si alguien tiene ganas de reírse, déjale que lo haga. Permite que los sentimientos salgan a la superficie, no los obstruyas, no intentes reprimirlos en lo más mínimo. Si a alguien le apetece, puede acercarse y sentarse a mi lado durante un par de minutos, y luego volver a su sitio en silencio. Puede quedarse dos minutos, no más, para que los demás también tengan la oportunidad de hacerlo.

Cuando haya transcurrido una hora, yo me iré. Entonces, puedes levantarte y marcharte cuando sientas que te apetece hacerlo.

Para entender las palabras no hace falta prepararse tanto. Quiero que las personas que se acercan a mí empiecen a entender poco a poco también el silencio y no solamente las palabras. Llegará un día que no pueda deciros con palabras las cosas esenciales que os quiero transmitir. Solo se pueden transmitir por medio del silencio. Las personas que sean capaces de entender el silencio abrirán sus puertas internas para recibir a través de mí las cosas esenciales más profundas.

No hay ningún templo mejor que el silencio. Para el océano de la verdad no hay mejor barco que el barco del vacío.

Con esta pureza, recién duchado y con la ropa limpia, empieza a prepararte desde la dos y media para que tu mente esté en sintonía. Después ven a sentarte aquí en silencio y estate abierto a lo que suceda.

Hay una meditación originaria de Indonesia que se llama *Latihan*. Algún día introduciré este método en la India. Es un método que empieza de la siguiente manera: un pequeño grupo de personas se sienta en silencio. Sentados en silencio, si a alguien le apetece llorar, lo hace; si a alguien le apetece bailar, lo hace. Lo que se experimenta después de estar sentado en

Latihan durante una hora es increíble. La gente se abandona, está completamente relajada y deja que ocurra lo que tenga que ocurrir. Si los pies y las manos se mueven, dejan que se muevan. Si les apetece ponerse de pie, lo hacen. Si quieren tumbarse, lo hacen. Se dejan llevar completamente, están absolutamente relajados. Sucede lo que tiene que suceder. Se entregan a la existencia. Sucede lo que sucede; y si no ocurre nada, tampoco pasa nada. Esto crea un profundo impacto en la vida de las personas; puede provocar una revolución.

Así que abandónate completamente. Durante la hora que dura la meditación que haremos esta tarde, ríndete a lo que sientas. Siente «yo no estoy». Deja que ocurra todo lo que tenga que ocurrir durante una hora. Si tienes ganas de llorar, no contengas las lágrimas. Las lágrimas saldrán…, y se irán. Deja que suceda lo que tenga que suceder. Si alguien tiene ganas de acercarse a mí, puede sentarse a mi lado un momento, como si yo le hubiese llamado. Luego volverá a su sitio en silencio; no hay que hablar. De manera que podéis volver aquí de nuevo a las tres y media.

Ahora nos sentaremos para la meditación de la mañana.

• Después de mi charla deberíais estar preparados. Separaos los unos de los otros; es preciso que los cuerpos no estén en contacto. Alejaos en silencio, sin hablar. Separaos, sentaos en silencio.

- Esta será la última sesión de esta mañana. Nadie sabe si volveremos a oír el sonido del mar, nadie sabe si volveremos a ver estos árboles, nadie sabe si volverá este día o si volverá a amanecer mañana. De modo que disfruta todo lo que hay aquí con felicidad absoluta, con amor y unión.

- Deja que tu cuerpo se relaje, cierra suavemente los ojos, ciérralos despacio. Relaja el cuerpo. Ahora empezaremos a meditar. Escucha el sonido del viento en silencio, el canto de los pájaros, el sonido del mar. Escucha tranquilamente. Solo tienes que escuchar en silencio…, el sol, los rayos, el viento… Sé uno con la luz del sol y con el viento.

- Escucha en silencio… Para que la mente se quede callada y en silencio, basta con escuchar; la mente se quedará callada y en silencio simplemente con escuchar.

- ¡Escucha! Fíjate que los pájaros también vienen a cantar aquí. ¡Escucha! Permanece atento a todos los sonidos durante diez minutos. ¡Escucha! Si quieres que la mente se aquiete, basta con escuchar. Si oyes los sonidos, la mente se calmará y se quedará en silencio. Sigue oyendo el viento, los pájaros, el mar.

- La mente se está quedando en silencio… La mente se está quedando en silencio… La mente se quedará completamente en silencio. Seguirán estando los rayos del sol, las sombras cimbreantes de los árboles, el viento, el sonido del mar…, pero tú, tú te habrás disuelto completamente.

- Sigue escuchando. Cuando escuchas, algo se funde y se disuelve en tu interior. Todo se queda en silencio.

- La mente se está calmando... La mente se está calmando... La mente se está calmando... La mente se está calmando.

- Está el viento, pero tú no estás, te has ido, has salido volando. La gota ha desaparecido en el océano.

- La mente se ha quedado en silencio. Sigue escuchando... Sigue escuchando... Sigue escuchando...

- Déjate llevar, déjate llevar completamente. La mente se ha quedado en silencio... La mente se ha quedado en silencio... La mente se ha quedado en silencio absoluto. Queda el viento, los rayos del sol, el bramido del mar..., pero tú has desaparecido. Déjate llevar, disuélvete.

- La mente se ha quedado en silencio... La mente se ha quedado en silencio... La mente se ha quedado en silencio absoluto.

- Ahora inspira profundamente varias veces. Inspira despacio profundamente y luego abre lentamente los ojos. La paz que hay en tu interior también está en el exterior. Abre suavemente los ojos; fíjate en los árboles, fíjate en los rayos del sol..., lo que hay en tu interior también está en el exterior.

La sesión de la mañana ha concluido.

7. La meditación está presente las veinticuatro horas del día

En este último encuentro del retiro de meditación, hay algunas cosas más que os quiero decir.

Hoy ha llegado a su última etapa el viaje interior que empezó hace varios días. La historia de nuestra vida también es así: lo que empezó hace poco tiempo llegará a su fin dentro de un tiempo. El final llega antes de que podamos entenderlo; en la vida todo termina así. Tenemos que despedirnos antes de estar preparados para hacerlo. Del mismo modo que a veces sentimos que una separación llega demasiado pronto, cuando nuestra vida llegue a su fin nos sentiremos impotentes a la hora de evitar la separación. Pero podemos prepararnos. Podemos vivir cada momento como si estuviésemos listos para decir adiós. Solo podrá alcanzar la dicha de la vida, el néctar inmortal de la vida, quien sepa vivir como si el final pudiera llegar en cualquier instante.

Estaba viajando…

Era la época de los monzones y el cauce del río estaba muy alto, había sobrepasado el puente y tenía que esperar dos horas para poder cruzarlo con el coche; solo se podía cruzar cuando bajara el nivel. Llegaron otros dos coches y se colocaron detrás del mío. Yo no conocía a esas personas, pero es probable que estuvieran familiarizadas con mis opiniones. Al verme sentado encima de una piedra junto al agua, se acercaron a mí algunas de las personas de los coches, se sentaron a mi lado y se pusieron a charlar. Teníamos que esperar dos horas, de manera que seguimos charlando. Cuando bajó el agua y estaban a punto de cruzar el río, me dijeron:

–Nos han encantado tus opiniones y puedes estar seguro de que volveremos a verte para experimentar lo que dices.

–En la vida –les contesté–, nunca puedes estar seguro de que vayas a volver. Puede ser que vuelvas o puede que no; puede ser que yo vuelva o puede que no. Es posible que los dos volvamos, pero no nos encontremos. Todo es posible.

Les conté una historia y nos despedimos riéndonos. Nadie se imaginaba las consecuencias que iba a tener esa historia…

Les conté que un emperador chino había ordenado decapitar a su primer ministro. Sospechaba de él y lo encarceló. Al día siguiente moriría ahorcado. Las leyes de ese país estipulaban que el emperador debía encontrarse personalmente con el reo antes de morir para concederle su último deseo. ¡Se trataba del su primer ministro, de un ministro muy influyente! Antes de que fuera conducido al patíbulo al día siguiente, el emperador cabalgó esa tarde hasta la cárcel con su caballo, lo ató cerca de la entrada y pasó al interior. El ministro estaba preso muy cerca de la entrada.

Al ver al emperador se le saltaron las lágrimas. El emperador estaba sorprendido. El primer ministro era un hombre valiente; había tenido que enfrentar muchas dificultades e incluso la muerte en varias ocasiones de su vida. El emperador le empezó a consolar, diciendo:

–Estás llorando; tienes miedo.

El primer ministro dijo:

–No estoy llorando porque me dé miedo la muerte; lloro por otra cosa.

El emperador le preguntó:

–Entonces, ¿qué es lo que te preocupa?

Dímelo y yo me ocuparé de eso. He venido precisamente para eso... para que se cumpla tu último deseo.

–No creo que puedas hacerlo –respondió–. La situación se ha complicado mucho, por eso estoy llorando. Déjalo; ya no se puede hacer nada.

El emperador insistió:

–Dímelo de todas formas.

El primer ministro dijo:

–No estoy llorando porque vaya a morir mañana. Lo que me preocupa no es la muerte. La vida siempre está en juego, puedes morir en cualquier instante. Estoy llorando al ver a tu caballo atado en la puerta.

–¿Al ver a mi caballo? –preguntó el emperador–. ¿Qué tiene que ver mi caballo con tu llanto?

—Yo he estudiado la técnica para hacer volar a un caballo —añadió el primer ministro— y nunca, en toda mi vida, había visto un caballo de la raza que puede aprender a volar. Ahora que estoy a punto de morir mañana, veo a ese caballo apostados en la puerta. El caballo con el que has venido cabalgando hasta aquí pertenece a la raza que yo estaba buscando. Por eso lloro, porque no he podido aplicar la técnica que he aprendido y ha llegado la hora de mi muerte.

La codicia del emperador rebasó todos los límites: ¡un caballo que podía volar! Eso le haría superior a todos los reyes y emperadores del mundo. Ordenó que liberaran al primer ministro de sus cadenas y le preguntó:

—¿Cuánto tiempo tardarás en enseñarle a volar al caballo? No intentes engañarme de alguna forma.

—Emplearé un año —contestó el primer ministro.

—De acuerdo —dijo el emperador—. Si el caballo aprende a volar, te reinstauraré en el cargo de primer ministro. Y no solo eso, sino que te entregaré la mitad de mi reino como recompensa. Pero, si no lo consigues, ten por seguro que dentro de un año morirás ahorcado.

El primer ministro regresó a su casa a lomos del caballo del emperador. Había anochecido, pero no habían encendido las luces en su casa porque estaban llorando desconsolados por su próxima muerte. Su mujer, sus hijos y todas las personas queridas estaban llorando. Al verle aparecer delante de ellos, no podían creerlo.

Su mujer le preguntó:

–¿Cómo has conseguido volver?

Él le contó toda la historia. Ella se puso a llorar y a sollozar más fuerte:

–¿Estás loco? Tú no sabes enseñarle a un caballo a volar. ¿Por qué has mentido tan descaradamente? Y ya que lo has hecho, ¿por qué has puesto un plazo de un año? Podrías haber hablado de diez años o de veinte años. Un año pasa sin que te des cuenta. Y te costará más esfuerzo vivir este año que afrontar la inminencia de tu muerte. Cada instante te recordará que tu muerte está próxima.

El primer ministro se echó a reír y dijo:

–¡Qué ingenua eres! No sabes nada. Un año es mucho tiempo, hasta un instante es mucho tiempo. ¿Quién sabe lo que puede ocurrir en un año? Yo me podría morir, se podría morir el rey o incluso el caballo…, pueden ocurrir muchas cosas. Un año es interminable.

Y efectivamente eso es lo que ocurrió. Durante ese año no solo se murió el primer ministro, sino que también se murieron el emperador y el caballo.

Quedó comprobado que un año era interminable. Incluso un instante puede ser interminable.

Les conté esta historia a mis amigos cuando me estaba despidiendo de ellos. Se echaron a reír, yo también me reí y nos separamos.

Cruzaron el río; iban en un coche grande. Al cabo de diez minutos yo también crucé el río en mi coche. Después de recorrer unos tres kilómetros, me encontré con los amigos de los que me acababa de despedir: habían muerto. Su coche tuvo un accidente y los tres murieron en el acto.

Mi conductor me dijo:

—Los tres protagonistas de la historia que acabas de contar se murieron. Y ellos tres también han muerto. Tus ideas les habían atraído y creían que podrían experimentarlas a su vuelta. La vida es así. A veces te vuelves a encontrar con la gente y a veces no, no hay nada garantizado. El rey puede morir, el primer ministro puede morir, el caballo puede morir…, o pueden morir los tres. La vida no está en nuestras manos, en absoluto.

En estos momentos de despedida me gustaría decirte algo: vive cada instante como si no tuvieras asegurado el siguiente. Lo que convierte a una persona en un buscador es darse cuenta de que cada momento puede ser el último. La vida del ser humano es como una gota de agua que titubea en el borde de una brizna de hierba…, basta una ligera brisa para que la gota caiga y desaparezca; es como una gota temblorosa en una brizna de hierba. La gota puede caer en cualquier momento y todo se habrá acabado. Esta vida solo existe un momento, esta respiración solo existe un momento, este pensamiento y esta reflexión solo existen un momento, esta oportunidad…

¿Esta oportunidad nos puede ayudar a encontrar una vida en la que no haya muerte, en la que solo haya inmortalidad, en la que solo haya vida eterna? Simplemente, tenemos que tener en cuenta una cosa: que lo que llamamos vida solo es la oportunidad de un momento. Si queremos, podemos convertir esta vida en una escalera que nos permita alcanzar la vida eterna…, y, si no, perderemos la oportunidad.

El propio significado de buscador es alguien que no se conforma con que la vida sea lo último, lo definitivo. Él ha convertido la vida en una oportunidad para seguir avanzando hacia una vida más profunda, más grande, una vida en la que no existe la muerte.

Vive cada momento como si la gota de rocío se pudiese caer de la hoja de loto en cualquier instante. Así conseguirás que cada momento y cada respiración sean una práctica espiritual; que cada día y cada noche sean un camino que nos lleve a una transformación en la vida.

Antes que nada, recuerda que la vida es efímera, para que no la malgastes ni pierdas el tiempo; la convertirás en una hazaña.

En segundo lugar, en estos tres días os he proporcionado algunas sugerencias para meditar, y seguramente habréis encontrado algunas pistas. También habréis dado algún paso, pero no os detengáis aquí. Tenéis que seguir practicándolas en el futuro, es la única forma de que algún día se abra la puerta de la meditación.

Aunque somos como ese campesino del que seguramente has oído hablar…

Había un campesino que poseía un extenso campo. Quería hacer un pozo en su propiedad para optimizar el riego y aumentar las cosechas. Empezó a cavar el pozo; cuando apenas había cavado un tramo sin encontrar ningún indicio de agua, se detuvo. Descansó varios días y luego empezó a cavar en otro sitio. También lo abandonó al cabo de unos días porque no había ni rastro de agua. Descansó de nuevo algunos días, hasta que empezó a cavar en otro sitio, sin encontrar indicios de agua después de cavar un poco. Y así siguió, cambiando de sitio y destrozando todo el campo sin conseguir hacer un pozo.

Perdió la esperanza y se sentó a llorar porque había destrozado su terreno. Un místico que pasaba por ahí le vio y le preguntó por qué lloraba.

El campesino dijo:

–Estoy cansado, estoy agotado. Lo único que he hecho en todo este año ha sido intentar cavar un pozo. Y he destrozado el campo sin conseguir encontrar agua.

El místico fue a ver el campo y al ver la situación se rio.

–Estás loco –le dijo–, ¿acaso esa es la manera de cavar un pozo? Si en vez de hacer tantos agujeros hubieses seguido excavando en un solo sitio, ya haría mucho tiempo que habrías encontrado agua. Pero no has hecho más que cambiar de sitio, cavando un pequeño tramo. Esa no es la forma de hacer un pozo.

La meditación es cavar un pozo en tu interior. La meditación es cavar un pozo hasta encontrar la fuente de agua que está escondida dentro de ti, hasta encontrar la llama, hasta encontrar la vida, hasta encontrar la divinidad que está escondida en nuestro interior. La meditación simplemente es cavar un pozo en nuestro interior; pero solo cavamos un poco de vez en cuando. El campesino era más inteligente que nosotros porque al menos cavó un poco más. Nosotros ni siquiera pasamos de la superficie. Dejamos de esforzarnos sin haber profundizado en lo más mínimo. Luego nos volvemos a acordar al cabo de uno o dos años y volvemos a cavar un poco; pero enseguida volvemos a abandonar la tentativa.

De este modo, nos pasaremos la vida sin haber cavado un pozo de divinidad en el campo de nuestra vida. Para cavar ese pozo tiene que haber continuidad, tiene que haber un esfuerzo. Hay que seguir cavando, hay que cavar siempre en el mismo punto de la conciencia. Haciéndolo así, es inevitable que encontremos lo que hay en nuestro interior, nuestro tesoro, lo que nos corresponde por nacimiento.

La mayoría de la gente se comporta de una forma estúpida: vienen al retiro de meditación y meditan uno o dos días cuando vuelven a su casa, pero luego se olvidan de hacerlo.

Si meditas un día o dos, nunca te ocurrirá nada. Tus malos hábitos y tu forma equivocada de vivir han durado toda tu vida. Tu forma equivocada de pensar te ha confundido. No es suficiente cavar un día o dos; no basta con cavar un poco. El agua está muy profunda porque encima de ella se han ido amontonando capas y capas de piedras. El agua se ha quedado debajo de todas esas capas. Ahora tendrás que quitar la tierra y atravesar las piedras, tendrás que seguir cavando, y entonces, a lo mejor… No, a lo mejor, no; entonces seguro que encontrarás tu fuente interna de agua. Todos los seres humanos están sedientos y mueren de sed porque no la encuentran. Si la encuentras, conseguirás una satisfacción que no tiene límites.

De modo que lo segundo es asegurarte de que, cuando te marches, no caiga en saco roto el esfuerzo que has hecho aquí, llévatelo contigo. Experimenta un poco cada día con todo lo que has aprendido. Sigue cavando tu pozo día a día, poco a poco. Las personas que lo han hecho no han fracasado. El agua puede estar a mucha profundidad, puedes encontrarte grandes cantidades de tierra y piedras enterradas, pero ten la seguridad de que hay agua en tu interior. Aunque esté a una cierta distancia, puedes estar seguro de que hay agua. Aunque a menudo la gente empieza a cavar y deja de hacerlo justamente cuando estaba a punto de encontrar el agua.

Cuando se descubrieron las minas de oro de los montes de Colorado, se desplazaron allí muchas personas codiciosas de todo el mundo. El oro estaba esparcido por todo el terreno, en las piedras y en los guijarros. De la noche a la mañana, las personas que tenían un pequeño terreno se hicieron millonarias.

A un hombre se le ocurrió pensar: «¿Por qué habría que limitarme a comprar un pequeño terreno?». Compró una montaña entera. Instaló en el terreno máquinas que valían muchísimo dinero, y empezó a excavar, pero no encontró ni rastro de oro, en su terreno solo había piedras y tierra. Había invertido muchos millones y había instalado enormes máquinas… Los pequeños inversores, que solo habían comprado un pequeño terreno, se habían enriquecido con muy poco esfuerzo. Sin embargo, este hombre que había invertido todo su dinero, se arruinó. No había ni rastro de oro en todo su terreno.

De modo que decidió poner un anuncio para vender su propiedad junto a las máquinas, el equipo y el resto de la parafernalia. Estipuló un precio de salida de cincuenta mil dólares. Los miembros de su familia le reprendían diciendo:

–Pero ¿tú crees que vas a encontrar a un loco que te pague por esta propiedad? La gente ya sabe que te has arruinado y que no has podido encontrar ni un gramo de oro. ¿Cómo pretendes que te paguen cincuenta mil dólares?

–Yo no he perdido la esperanza –respondió él–. Estoy seguro de que voy a encontrar a alguien interesado en comprármelo.

Y, efectivamente, surgió un comprador. Sus familiares también le desanimaron:

–¿Te has vuelto loco? Ya se ha arruinado una persona, ¿y vas a comprarle ese negocio ruinoso? Allí no se ha encontrado nada.

Pero el hombre dijo:

–No hay nada seguro. Es posible que no haya excavado lo suficiente para encontrar oro, quizá si excavo un poco más lo encuentre. Ahí debajo hay mucha tierra.

Él no les hizo caso y compró el terreno. Después de hacerlo, el primer día de excavación se produjo un milagro: encontró una mina de oro. Solo estaba a treinta centímetros más de profundidad, pero el propietario anterior se había detenido antes de descubrirlo.

En la vida ocurre a menudo que si hubieras dado unos pocos pasos más habrías llegado a tu destino, pero te detuviste antes. Recuerda que no debes detenerte prematuramente. Si estás haciendo algo, hazlo hasta el final, con valentía, con esperanza, con anticipación, con esfuerzo y resolución. Entra en tu interior hasta el final. Avanza todo lo que sea posible. Las personas que lo han hecho nunca han fracasado. Solo fracasan los que no profundizan lo suficiente, los que vuelven de la superficie.

En la dimensión de la existencia, el fracaso simplemente no existe. Pero la existencia no podrá ayudar de ninguna manera a alguien que está anclado y no se mueve. Cuando das dos pasos hacia la existencia, esta siempre está dispuesta a dar cuatro pasos hacia ti. Si le extiendes una mano, ella te extenderá las dos. Pero no te podrá ayudar si le das la espalda y sigues parado. Si simplemente nos quedásemos parados al darle la espalda…, a lo mejor podría suceder algo; pero el problema es que, cuando le damos la espalda, ¡salimos corriendo en la dirección contraria! Así es imposible.

La segunda cuestión es que continúes esforzándote en meditar, para que tu fuerza vital y tu devoción fluyan en todo momento en esa dirección. Encuentra todos los días una o dos horas para estar contigo mismo y profundizar en la meditación.

Y la tercera cuestión es que nadie sabe cuándo se abrirán las puertas. Nadie tiene la menor idea.

Un pobre le preguntó una vez a un rico:

−¿Cómo te hiciste millonario?

–Siempre he esperado a que surgiera una oportunidad –respondió el hombre–, y cuando la tenía, trabajaba duro. Así es como he conseguido hacerme millonario.

–Eso lo entiendo –dijo el pobre–, has trabajado duro cada vez que tenías una oportunidad, y así te has convertido en millonario. Yo también estoy dispuesto a trabajar duro, pero ¿cuándo tendré una oportunidad?

–Cuando llegue, atrápala inmediatamente. Así es como yo lo hice –respondió el millonario.

–Eso también lo puedo entender –dijo el pobre–, pero sigo teniendo la misma pregunta: ¿cómo puedo saber si ha llegado la oportunidad? Porque es posible que, cuando me dé cuenta, ya haya pasado.

El millonario le aconsejó:

–Tienes que estar saltando todo el tiempo, y eso es lo que te permitirá estar listo para atraparla en cuanto aparezca. Si te quedas sentado esperando y pensando que te moverás cuando aparezca, no lo vas a conseguir. La oportunidad pasa tan deprisa que la perderás antes de que te dé tiempo a atraparla. Ponte a saltar para que, cuando llegue, te encuentre saltando; esa es la única forma de conseguirlo.

Nadie sabe ni puede predecir cuándo tendrás la oportunidad de encontrarte con lo divino. No hay ninguna regla que determine el momento en que se abrirá la puerta.

La tercera cuestión es que debes estar preparado en todo momento, para que, cuando la puerta se abra, no te encuentre durmiendo. Sigue saltando, para que, cuando la oportunidad llame a tu puerta, no estés dormido o dándole la espalda.

Rabindranath Tagore escribió un relato que le encantaba contar. Decía lo siguiente:

> A las afueras de un pueblo había un gran templo en el que había cien sacerdotes. Era un templo muy próspero con estatuas de oro. Los devotos acudían allí desde los lugares más remotos. Era un sitio destacado para las peregrinaciones religiosas.
>
> Una noche, el prior del templo soñó que Dios le avisaba de que visitaría su templo al día siguiente: «Mañana iré a tu templo». Al día siguiente, lleno de incertidumbre, el prior les comunicó a los sacerdotes que había tenido un sueño en el que Dios le comunicaba que iría a verle, y debían prepararse.
>
> Para empezar, se trataba de un sueño, y el prior mismo no estaba muy convencido. Aunque, quién sabe, «el sueño podría ser verdad y Dios no debe encontrarnos sin estar preparados». De modo que limpiaron y adecentaron el templo, encendieron todo tipo de inciensos y lámparas, y lo decoraron.
>
> Transcurrió toda la jornada sin que Dios diera señales de vida. Llegó el atardecer y se puso el sol, pero seguían sin oír el ruido de las ruedas de su carroza. A esas alturas todos los sacerdotes estaban cansados y empezaron a decir:
>
> —Solo ha sido un sueño; ¿por qué nos ha dado esta locura? ¿Acaso los sueños se cumplen? Y no era un sueño cualquiera; ¿cómo va a hacerse realidad un sueño en el que Dios dice que va a venir a verte?

Luego cayó la noche, cerraron las puertas del templo y se fueron a dormir. Apagaron todas las lámparas y los inciensos.

Alrededor de las doce de la noche llegó una carroza dorada a las puertas del templo y se detuvo ahí. Todo estaba a oscuras, era una noche de luna nueva. Alguien se bajó de la carroza, subió las escaleras del templo y llamó a la puerta. Al oír que llamaban se despertó un sacerdote y dijo:

—Creo que ha llegado el rey que estábamos esperando, nuestro amado está en la puerta.

Los demás sacerdotes dijeron:

—¡No nos molestes! Quédate tranquilo y vete a dormir. No es más que una ráfaga de aire, no hay nadie en la puerta. Es el viento golpeando la puerta, no hay nadie, ¡duérmete!

El visitante bajó las escaleras, se subió a la carroza y se marchó. Una vez más, se oyó el ruido de las ruedas. Un sacerdote oyó el movimiento de la carroza y dijo:

—Me parece oír el ruido de una carroza.

Los demás sacerdotes le gritaron:

—¡No nos molestes! Estás hablando en sueños. Solo son truenos, no hay ninguna carroza.

Al día siguiente, cuando se despertaron y abrieron las puertas del templo, todos los sacerdotes empezaron a llorar y a lamentarse. Las ruedas de carroza habían dejado sus huellas marcadas al pie de las escaleras. Y allí se podían distinguir las marcas de unas pisadas. Alguien había subido las escaleras hasta la puerta del templo. Una carroza había venido a visitarles y alguien había llamado a la puerta del templo. Se habían equivocado. Lo que habían considerado una ráfaga de viento, lo que habían considerado un trueno, era un mensaje de la llegada de Dios. Pero estaban durmiendo. Luego empezaron a llorar. Todo el pueblo fue a verles preguntándoles por qué lloraban.

–Porque ha venido el invitado que llevábamos esperando toda la vida, se ha encontrado con las puertas cerradas y a todos nosotros profundamente dormidos –dijeron.

Nadie sabe cuándo puede aparecer la carroza en tu puerta. Nadie sabe cuándo llamará a tu puerta. Pero si no estás despierto y plenamente consciente, la carroza se dará la vuelta. El invitado se irá.

Si me preguntas a mí, te diré que la carroza llega todos los días. A veces decimos que es un trueno, otras veces decimos que es el rugido del mar, otras veces decimos que es el sonido del viento o cualquier otra cosa, para así poder ignorarlo. La carroza llega todos los días; los pasos suben las escaleras de nuestro templo todos los días; todos los días la mano llama a nuestra puerta…, pero lo calificamos como alguna otra cosa para consolarnos y poder seguir durmiendo.

Nadie sabe en qué momento llegará; por eso, cada momento se tiene que convertir en un momento de alerta, de conciencia, de meditación. Tenemos que convertir cada momento en un momento de paz, de silencio, de serenidad; solo así podremos estar despiertos y atentos cuando llegue la carroza.

En cuanto estás despierto y preparado, llega la carroza.

Llega con tu propio despertar. Su llegada tiene lugar cuando hay un destello de despertar. Ahora mismo confundimos sus acciones con una ráfaga de viento o un trueno, pero es justamente lo contrario. Si estamos tranquilos y despiertos, en silencio y meditación, ocurre lo contrario. El sonido de un trueno es como el de las ruedas de la carreta. Una ráfaga de viento es como una suave caricia de las manos divinas. En este tercer punto es necesario estar muy alerta y vigilantes.

El cuarto punto: la meditación no es algo que puedas practicar un pequeño periodo de tiempo y luego has cumplido, te olvidas de ello. No, la meditación no es sentarse durante media hora en una esquina recogida de la casa o en una esquina del templo y ya está. En realidad, la meditación se practica las veinticuatro horas del día. Siéntate tranquilo y en silencio, como te he dicho, pero asegúrate de que tu mente esté tranquila y en paz el resto del día. Permanece en silencio cuando caminas por la calle, cuando comes, cuando estás en tu negocio. Cuanto más silenciosa esté la mente, cuanto más tranquila esté, y más amorosa, maravillada y extasiada con los placeres de la vida, más se irá extendiendo la meditación a las veinticuatro horas del día.

Un meditador es alguien que está meditando durante todo el día. La vida es un río ininterrumpido y continuo. No puedes estar tranquilo durante media hora, y estar agitado y nervioso el resto del tiempo. ¿Cómo puedes ser religioso durante media hora y luego no serlo durante veintitrés horas y media? ¿Cómo puedes ser un idiota veintitrés horas y media al día, y volverte inteligente media hora? ¿Cómo puedes estar muerto veintitrés horas y media, y estar vivo media hora? El Ganges nace en el Himalaya, ¿cómo puede decir: «Solo voy a ser un río sagrado en Kashi; antes y después de Kashi no seré sagrado»? Si el Ganges es sagrado en los *ghats* de las abluciones de Kashi, tendrá que ser sagrado desde su nacimiento, en Gangotri. Y si es sagrado en los *ghats* de Kashi, seguirá siendo sagrado después.

La vida es un río ininterrumpido, no hay cortes, no hay interrupciones. El Ganges de nuestra conciencia fluye durante las veinticuatro horas. No puedes ser religioso y silencioso cuando meditas durante media hora, y que las restantes veintitrés horas y media esté todo alterado. Así solo te estás engañando. En ese caso, recuerda que lo que ocurre durante esas veintitrés horas y media es la verdad, y lo que ocurre durante la media hora es mentira. Durante esa media hora solo te estás engañando.

Si entiendes lo que digo, no creas que has cumplido con tu tarea sentándote con los ojos cerrados durante quince minutos. Eso solo es el principio de tu tarea, no has completado nada. Habrás completado tu tarea el día que no tengas que sentarte con los ojos cerrados, cuando la paz y la quietud discurran por tu interior durante las veinticuatro horas del día sin interrupción, estando sentado o estando de pie, estando dormido o estando despierto.

Este flujo es posible, pero la religión que le han inculcado al ser humano los últimos tres o cuatro mil años es muy incompleta. «Para ser religioso tienes que ir al templo», te han dicho. La gente va al templo y vuelve a casa creyéndose una persona religiosa por haber dicho las oraciones y practicado los rituales durante cinco minutos. Hacen despliegue de la arrogancia de una persona religiosa; miran a los demás por encima del hombro, pensando: «Estos pecadores irán directamente al infierno». Están convencidos de que ellos irán al cielo porque han estado cinco minutos en el templo, en la mezquita o en la *gurudwara*.

La vida requiere un esfuerzo más grande, la religión y la divinidad requieren más esfuerzo. Tienes que provocar una revolución radical en tu vida, que empiece por los cimientos. Gradualmente, el aroma de tu practica de quince minutos se extenderá a las veinticuatro horas del día. No es tan difícil. Es muy fácil. Te parece difícil porque nunca le has prestado atención.

¿Por qué tienes que estar inquieto cuando atiendes tu negocio? ¿Acaso eso te ayuda a funcionar mejor? ¿Hace que tu negocio vaya mejor? ¿Qué consigues estando inquieto? ¿Obtienes algún resultado favorable o provechoso estando inquieto durante tus comidas? En realidad, si alguien no puede comer en paz, no podrá experimentar la dicha de comer. Si alguien no puede ducharse en paz, no podrá disfrutar de la dicha de ducharse. Si alguien no puede vestirse tranquilamente, no podrá disfrutar de la dicha de vestirse. Si alguien no duerme tranquilamente, no podrá experimentar la maravillosa paz y éxtasis de dormir.

Siéntete en paz en todo momento; toma conciencia de cada acto y comprueba si en tu interior se genera una corriente de paz. Cuando tomes conciencia de esto, verás que esa corriente cada vez se vuelve más tranquila.

La gente, en cambio, cree que puede alcanzar la paz súbitamente, justo al final, cuando están a punto de morir: «Cuando estemos llegando al final, nos quedaremos tranquilos, ¿para qué molestarnos ahora?». Y las personas deshonestas se han encargado de difundir muy bien las historias que afirman que podrás alcanzarlo todo pronunciando una vez el nombre de Dios cuando estés a punto de morir. El ser humano es tan astuto que quiere engañar incluso a Dios.

Las personas astutas se han inventado historias como la del padre que estaba a punto de morir y llamó a su hijo gritando: «¡Narayan!», y entonces Dios pensó que le estaba hablando a él. Gracias a eso, este hombre fue directamente al cielo, ¡pero solo estaba llamando a su hijo! No era capaz de engañar a su hijo, ¡sin embargo, podía engañar a Dios! Nos inventamos todo tipo de historias con el fin de engañarnos, como que pronunciar el nombre de Dios una o más veces al final de nuestras vidas resolverá todos nuestros problemas.

Me han contado que…

> Un hombre estaba en su lecho de muerte. Los sacerdotes y otros representantes religiosos se habían reunido en torno a él; le cantaban mantras y le recitaban la Gita al oído. El hombre se estaba muriendo mientras ellos le adoctrinaban con la Gita y le cantaban mantras al oído… Estaban preparando su ascenso a los cielos.
>
> Al anochecer, cuando el sol estaba a punto de ponerse, todos los miembros de su familia se reunieron en torno al moribundo. El hombre abrió los ojos y preguntó:
>
> –¿Dónde está mi hijo mayor?

Su mujer, que estaba cerca, empezó a llorar de felicidad al oírle. Nunca había preguntado por sus hijos; solo le había oído preguntar por la llave de la caja fuerte, sus libros o sus cuentas bancarias. O sobre la riqueza, el dinero o el prestigio y todas esas cosas… Nunca había preguntado por su hijo. No es extraño que una persona a la que solo le importa el dinero se olvide del amor. Ahora, en el momento de su muerte, ¡estaba preguntando por su hijo! Obviamente, su corazón se había abierto al amor. Es posible que surgiera el amor en sus últimos momentos de vida…

La mujer le dijo:

–No te preocupes, está aquí sentado a tus pies.

–Entonces –preguntó el hombre inquieto–, ¿dónde está el siguiente?

–Está aquí –contestó la mujer.

–¿Y donde está el pequeño? –El hombre ya casi se había incorporado de la cama.

–También está aquí –respondió su mujer.

–Y el cuarto, ¿dónde está?

–Está aquí.

El hombre estaba cada vez más nervioso y su mujer pensó que sentía amor por todos sus hijos y por eso se acordaba de ellos.

El hombre se levantó y preguntó:

–¿Dónde está mi quinto hijo?

–No te preocupes innecesariamente –respondió su mujer–, estamos todos aquí.

–¿Qué significa esto? –preguntó alarmado–. Entonces, ¿quién se está ocupando de la tienda?

La mujer se había equivocado. Pensó que se acordaba de sus hijos, mientras que el padre solo quería saber si la tienda estaba abierta o cerrada. El pobre hombre tuvo que soportar que le cantaran mantras y le recitaran pasajes de la Gita al oído, pero él ni siquiera estaba atento. solo estaba pendiente de la tienda.

No es una situación divertida en absoluto. Es lo natural, es lo más sencillo. En el momento de su muerte una persona está donde ha estado toda su vida. Está más claro que el agua. En tu último instante de vida tu conciencia estará donde ha estado toda su vida.

La vida es un flujo constante, continuo, es una corriente…, siempre es el mismo río. No olvides nunca que es un río indivisible, que el conjunto de la vida es indivisible. La cuarta cosa que os quiero decir es que la vida es un todo indivisible.

Para alcanzar la paz, para meditar, para entrar en el espacio del amor, para abrir las puertas de la divinidad, tendrás que trabajar día y noche hasta tu último aliento. No lo puedes hacer con prisas sentándote cinco minutos. No tiene nada que ver con eso. La religiosidad no es solo una parte de la vida, la religiosidad es la vida en su totalidad.

Por último, el cuarto punto antes de marcharnos es seguir intensificando lo que sientas que está bien; increméntalo, auméntalo a las veinticuatro horas. Sigue transformándote en lo que está bien para ti en todos los aspectos de tu vida. Deja que vaya impregnando todas las cosas. Deja que lo vaya penetrando todo. Si se extiende a las veinticuatro horas de tu día, se podrá producir una transformación..., tendrá lugar lo que yo llamo una transformación. Este es el cuarto punto.

Y ahora el quinto y último punto... No podemos olvidarnos del quinto punto. Consta de dos partes.

La primera parte es que el viaje hacia la divinidad es un viaje muy lento, muy suave, muy paciente y tranquilo. No se puede alcanzar la paz final con inquietudes y prisas. Si alguien empieza corriendo nerviosamente desde el primer paso, nunca alcanzará ese lugar llamado paz. Para alcanzar la paz, el viaje debe ser tranquilo y paciente desde el primer paso. Para conseguir algo en la sociedad, tienes que emprender una carrera frenética, una locura, un delirio. Por medio de la paz nunca conseguirás enriquecerte, conquistar el mundo, ser un Hitler, un Napoleón o un Gengis Khan. Solo lo conseguirás si emprendes una carrera desenfrenada, si vas a una velocidad demencial, si corres enloquecidamente.

Aunque hay otro mundo que es justamente lo contrario. Para alcanzar el amor, la dicha, la divinidad, tendrás que ir muy despacio, como un río que avanza sin levantar olas, sin que se produzca ningún vaivén, fluyendo suavemente, avanzando lentamente...

Dos monjes budistas iban a cruzar un río. Al subirse al barco, dijeron:

–¡Date prisa! Llévanos rápidamente a la otra orilla.

El barquero dijo:

–Perdonad, pero hay mucha corriente y el viento es muy fuerte. Os voy a llevar despacio. Este barco es muy pequeño y está muy viejo, y yo también soy anciano. Si voy despacio podré llevaros a la otra orilla, pero si vamos con prisas, tendremos menos posibilidades de llegar hasta allí. Al contrario, es posible que no lleguemos nunca.

Era una situación irremediable, pero los monjes estaban inquietos y tenían prisa. Volvieron a gritar:

–¡Date prisa! ¡Date prisa!

Pero el anciano siguió cruzando el río lenta y suavemente.

Tenían prisa porque querían llegar al pueblo vecino antes del anochecer. En ese pueblo tenían la costumbre de cerrar las puertas al anochecer. En ese caso habrían tenido que pasar la noche a la intemperie en la oscuridad de la selva, y por eso tenían prisa por llegar. Era natural, nuestra prisa siempre es natural. Siempre que corremos es porque hay algún temor intrínseco: «Podrían cerrar las puertas antes de que llegue». También puedes temer que: «El vecino llegue antes que yo». Y hay otro tipo de temores, hay muchos tipos de miedos. Ellos también tenían miedo.

Recogieron su equipaje y sus bolsas, y se bajaron del barco. Uno de los monjes era anciano y el otro era joven. Llevaban consigo muchos libros pesados –escrituras religiosas– y otras cosas. Cuando estaban a punto de marcharse, el anciano le preguntó al viejo barquero que estaba amarrando el barco:

–¿Crees que llegaremos al pueblo antes del anochecer?

El viejo barquero le contestó:

–Si vais despacio, llegaréis. Me he dado cuenta de que tenéis prisa. Si yo no hubiese estado ahí, no habríais podido llegar hasta esta orilla. Si vais despacio, podréis llegar antes del anochecer, pero si vais deprisa, no estoy seguro.

Pensaron que el barquero estaba loco. No valía la pena perder el tiempo hablando con él, porque hay que estar loco y ser muy poco práctico para decir que si vas despacio llegarás. Una persona sensata siempre dice que, cuanto más rápido vayas, antes llegarás.

La regla de las personas que consideramos prácticas y sensatas es que cuanto más rápido vayamos, antes llegaremos. Aunque en el mundo también hay gente menos práctica que dice que para llegar es mejor ir despacio.

Ellos salieron corriendo. El viejo barquero se reía mientras amarraba su barco. Los dos hombres corrían a medida que el sol caía rápidamente. Se iba a hacer de noche en cualquier momento y todavía les quedaba mucho camino hasta llegar al pueblo. Era una senda de montaña irregular y abrupta. El monje anciano se cayó y se hizo daño en las rodillas; estaba sangrando. Se le cayeron los libros y varias páginas salieron volando…, el tipo de cosas que suelen ocurrirle a todo el mundo: caerse al suelo justo antes de llegar, hacerse heridas y cortes en las rodillas que sangran, que las páginas del libro salgan volando…

En ese momento les alcanzó el viejo barquero que iba con los remos al hombro y estaba cantando una canción.

–Ya os dije que teníais que ir despacio para llegar –dijo–. Nadie alcanza su meta yendo deprisa.

Pero a esas alturas su sabio consejo ya no tenía sentido, era demasiado tarde.

Esa noche el barquero entró en el pueblo, pero el anciano monje y su joven compañero tuvieron que pasar la oscura noche fuera. Se retrasaron porque las heridas que había sufrido el anciano monje obligaron al joven a cargarlo sobre sus hombros.

En mi quinto consejo quiero decirte lo mismo: para ir hacia la divinidad tienes que moverte con tranquilidad y despacio, con mucha tranquilidad y muy lentamente, paso a paso. Estando tranquilo pero alerta, tranquilo pero con firmeza, tranquilo pero sin detenerte. Esta es la primera parte del quinto punto.

La segunda y última parte es que solo podrá dar pasos tranquilos quien sea capaz de esperar una eternidad, solo cuando alguien está dispuesto a esperar toda la eternidad y no tiene prisas, no tiene prisas ni exigencias.

Seguramente, habrás observado que cuando un niño planta una semilla en la tierra cada poco tiempo la desentierra para ver si ha empezado a brotar o no. Cuando se da cuenta de que la semilla sigue intacta, la vuelve a colocar en su sitio, pero al cabo de quince minutos la vuelve a sacar. Después de haberla sacado tantas veces la semilla ya no brotará. No, hay que tener paciencia y esperar…

Hay una vieja historia…

Un anciano monje estaba sentado debajo de un árbol y el sabio Narada pasó junto a él. El monje estaba rezando el rosario.

–Debes haber practicado rituales ascéticos desde hace mucho tiempo –le dijo Narada.

El monje abrió los ojos y dijo:

–Sí, bastante tiempo. Yo también he oído que viajas regularmente a la casa de Dios y luego vuelves.

Narada era periodista en aquellos tiempos; tenía permiso para entrar en todos los sitios. Todo el mundo teme a los periodistas, incluso los líderes políticos, de modo que incluso Dios debe temerlos. Los periodistas tienen acceso a todos los sitios. Dios también le había dado permiso a Narada para ir y volver a donde quisiera.

El anciano monje le dijo:

–La próxima vez que veas a Dios, por favor, pregúntale cuánto tiempo voy a tener que esperar para liberarme. Ya me he cansado; ¿cuánto tiempo más tengo que seguir rezando el rosario? Espero que no sea injusto. Transmítele mi mensaje a Dios, te lo ruego.

–No te preocupes –dijo Narada–, le preguntaré cuánto tiempo tienes que esperar.

Narada siguió avanzando y vio a un joven *sannyasin* que había sido iniciado al *sannyas* esa misma mañana. Estaba bailando y tocando la tampura. Burlándose de él, Narada le dijo:

–Puesto que voy a preguntar por la liberación de ese viejo monje, ¿quieres que pregunte también por ti?

Pero el joven *sannyasin* no le oyó y siguió absorto en su baile y en su música. Narada se marchó.

Al poco tiempo volvió y se acercó al anciano para decirle:

–Le he preguntado a Dios y me ha dicho que tendrán que transcurrir tres vidas más antes de que te liberes.

El anciano tiró su rosario al suelo exclamando:

–¡Esto es intolerable, esto es injusto! Los que iban detrás de mí me han adelantado, ¿y yo voy a tardar tres vidas más? Tengo la impresión de que incluso hasta allí han llegado los sobornos y los prejuicios. Tres vidas más…, ¡qué injusticia!

–Eso es lo único lo que sé –dijo Narada–. Solo me ha dicho que tardarás tres vidas más en alcanzar la liberación.

Narada estaba un poco indeciso porque no sabía si debía darle la noticia al joven *sannyasin* o no. A pesar de todo, pensó que lo más justo sería decírselo. Narada se acercó al joven *sannyasin* y se lo encontró tocando la tampura, cantando y bailando. Le advirtió de su presencia y le dijo:

–Le he preguntado a Dios por ti y me ha dicho: «Ese joven que se ha hecho *sannyasin* hoy tardará en liberarse tantas vidas como hojas tiene el árbol bajo el que está bailando».

Al joven le brotaron lágrimas de agradecimiento, y dijo:

–¿Solo voy a tardar en liberarme tantas vidas como hojas tiene este árbol? Si lo comparo con la cantidad de hojas que hay en el mundo, las de este árbol son pocas. ¿Tan pronto?

Dios es muy compasivo. –Y se puso a bailar de nuevo, diciendo–: Entonces, ya lo he conseguido. Si solo tengo que reencarnarme tantas vidas como las hojas de este árbol, es muy fácil, ¡no tardaré mucho!

El joven siguió bailando sumido en el éxtasis; al fin y al cabo, en toda la Tierra había muchas más hojas que en ese árbol.

Y la historia cuenta que el joven se liberó el anochecer de ese mismo día.

¿Cómo puede retrasarse la liberación si una persona está dispuesta a esperar, si tiene una paciencia infinita? La espera misma se convirtió en su liberación. Ese mismo día, al atardecer se liberó; se liberó cuando manifestaba su buena disposición.

Un buscador debe conocer este último punto porque es el más importante: esperar indefinidamente, estar dispuesto a esperar el tiempo que sea necesario. Solo así podrá ocurrir en este mismo momento, aquí y ahora. Podría ocurrirte ahora, esta misma noche, pero solo si tu mente está dispuesta a esperar indefinidamente.

La impaciencia y las prisas para que ocurra ahora solo es un frenesí y una locura. Esa carrera puede estar bien en el entorno descabellado de la sociedad, pero no el tranquilo mundo de la verdad.

Son los cinco puntos que quería contaros antes de que os vayáis. Guardadlos cuidadosamente en vuestro interior. Es posible que afloren a vuestra mente de vez en cuando y obtengáis resultados. Os he dicho muchas cosas en estos tres días. Y hay otras muchas cosas que no se pueden transmitir con palabras y que os he transmitido a través del silencio.

Habéis escuchado mis palabras con mucho amor y silencio y os estoy muy agradecido por ello. Ya que ¿a quién le interesa la verdad? La gente viaja enormes distancias para oír mentiras, pero ¿quién está dispuesto a oír la verdad? Nadie está preparado porque, cuando oyes la verdad, tu vida empieza a transformarse. Cuando oyes mentiras, no hace falta que transformes tu vida. Cuando oyes la verdad, empieza otro viaje. No puedes permanecer siendo el mismo que eras; algo tiene que cambiar, es inevitable que haya una transformación.

Habéis escuchado mis palabras durante tres días y os estoy, muy, muy agradecido. Para terminar, ofrezco mis respetuosos saludos a la divinidad que reside en todos vosotros. Os ruego que los aceptéis.

Ahora nos sentaremos durante diez minutos para hacer nuestra última meditación.

- Luego nos separaremos. Es la última noche, así que alejaos los unos de los otros, alejaos de todo el mundo. Buscad vuestro sitio y tumbaos. No habléis. Cualquier conversación destruiría esta atmósfera. No habléis en absoluto, separaos en silencio. Sin hablar. No os dirijáis la palabra. Separaos. Cread un espacio a vuestro alrededor.

- Supongo que ya habéis encontrado un espacio. Ahora tumbaos cómodamente. Recordad que no debéis hablar. Dejad que el cuerpo se relaje completamente. Cerrad los ojos. Os daré algunas sugerencias para que podáis experimentarlas.

- El cuerpo se está relajando... Siente cómo se relaja y deja que se relaje totalmente. El cuerpo se está relajando... El cuerpo se está relajando... El cuerpo se está relajando... Deja que se relaje.

- La respiración se está relajando... La respiración se está relajando... La respiración se está relajando... La respiración se está relajando... Deja que se relaje la respiración.

- La mente se está quedando en silencio... La mente se está quedando en silencio... La mente se está quedando en silencio... La mente se está quedando en silencio...

- El cuerpo se ha relajado, la respiración se ha tranquilizado y la mente se ha quedado en silencio. Ahora escucha todos los sonidos mientras estás tumbado tranquilamente. El viento que sopla, el mar que ruge, los árboles balanceándose, y también hay otros sonidos..., todos estos sonidos son los sonidos de la creación. Escucha, escucha todos los sonidos. Sigue escuchando en silencio. A medida que lo hagas tu mente se irá calmando.

- Sigue escuchando durante diez minutos. Escucha, escucha los sonidos nocturnos. Escucha, escucha la soledad de la noche. A medida que escuchas, la mente se va

quedando en silencio. La mente se va quedando en silencio… La mente se va quedando en silencio… La mente se
va quedando en silencio… La mente se va quedando en
silencio… Así como la noche está cargada de soledad,
sentirás que desciende sobre ti una soledad. La mente se
va quedando en silencio… La mente se va quedando en
silencio… Sigue escuchando… Sigue escuchando… Sigue
escuchando… Paulatinamente, solo quedará el sonido
del viento, los sonidos de la noche, y tú desaparecerás.

• La mente se está quedando en silencio… La mente se
está quedando en silencio… La mente se está quedando
en silencio… La mente se ha quedado completamente en silencio. Puedes oír el viento, puedes oír los sonidos
de la noche y puedes oír el sonido del mar…, pero tú has
desaparecido. La mente se ha quedado completamente
en silencio. Sumérgete en este silencio todo lo que puedas. La mente se ha quedado en silencio… La mente se
ha quedado en silencio…

• Ahora inspira profundamente varias veces… Toma aire
varias veces y abre lentamente los ojos, suavemente.
Mientras estás tumbado abre los ojos. Podrás ver las estrellas del cielo y los cipreses. Notarás tanto silencio fuera
como el que hay dentro de ti. Deja que el exterior y el
interior sean uno, lo que está en tu interior también está
fuera. Abre lentamente los ojos y sigue mirando un rato.
Sigue mirando el cielo durante un rato sin detenerte, luego incorpórate poco a poco y siéntate tranquilamente

en tu sitio, sin hacer ruido ni hablar. Los que no se puedan sentar, pueden respirar varias veces e incorporarse lentamente. No habléis, incorporaos poco a poco.

La última sesión de la noche ha terminado.

Sobre el autor

Las enseñanzas de Osho desafían toda clasificación y lo abarcan todo, desde la búsqueda individual de sentido hasta los más urgentes temas sociales y políticos de la sociedad actual. Sus libros no han sido escritos, sino transcritos a partir de grabaciones de audio y vídeo de las charlas improvisadas que ha dado a una audiencia internacional. Como él mismo dice: «Recuerda: todo lo que digo no es solo para ti..., hablo también a las generaciones del futuro». El *Sunday Times* de Londres ha descrito a Osho como uno de los «mil artífices del siglo xx», y el autor norteamericano Tom Robbins lo ha calificado como «el hombre más peligroso desde Jesucristo». Acerca de su propia obra, Osho ha dicho que está ayudando a crear las condiciones para el nacimiento de un nuevo tipo de ser humano. Suele tipificar a este nuevo ser humano como «Zorba el Buda», capaz de disfrutar tanto de los placeres terrenales como un Zorba el griego, como de la silenciosa serenidad de un Gautama el Buda. Discurriendo como un hilo conductor, a lo largo de la obra de Osho hay una visión que abarca la sabiduría eterna de Oriente y el potencial más elevado de la ciencia y tecnología occidentales.

Osho también es famoso por su revolucionaria contribución a la ciencia de la transformación interior, con un enfoque de la meditación que tiene en cuenta el ritmo acelerado de la vida contemporánea. Sus incomparables Meditaciones Activas están diseñadas para, en primer lugar, liberar las tensiones acumuladas en cuerpo y mente, de manera que resulte más fácil experimentar el estado relajado y libre de pensamientos de la meditación.

Sobre el autor, existe una obra autobiográfica disponible: *Autobiografía de un místico espiritualmente incorrecto* (Kairós, 2001).

Osho International Meditation Resort

Ubicación: ubicado a ciento cincuenta kilómetros al sureste de Mumbai en la moderna y floreciente ciudad de Pune, India, el Osho International Meditation Resort es un destino vacacional diferente. Se extiende sobre dieciséis hectáreas de jardines espectaculares en una magnífica área residencial rodeada de árboles.

Originalidad: cada año, el Osho International Meditation Resort da la bienvenida a miles de personas provenientes de más de cien países. Este campus único ofrece la oportunidad de vivir una experiencia personal directa de una nueva forma de vida: con mayor sensibilización, relajación, celebración y creatividad. Ofrece una gran variedad de opciones y programas durante todo el día y durante todo el año. ¡No hacer nada y simplemente relajarse es una de ellas!

Todos los programas están basados en la visión de Osho de «Zorba el Buda», una clase de ser humano cualitativamente diferente que es capaz tanto de participar de manera creativa en la vida diaria como de relajarse en el silencio y la meditación.

Meditaciones: un programa diario completo de meditaciones para cada tipo de persona que incluye métodos activos y pasivos, tradicionales y revolucionarios, y, en particular, las Meditaciones Activas Osho. Las meditaciones se llevan a cabo en lo que debe ser la sala de meditación más grande del mundo: el Osho Auditorium.

Multiversity: las sesiones individuales, cursos y talleres lo abarcan todo: desde las artes creativas hasta la salud holística, transformación personal, relaciones y transición de la vida, el trabajo como meditación, ciencias esotéricas, y el enfoque Zen de los deportes y el esparcimiento. El secreto del éxito de la Multiversity reside en el hecho de que todos sus programas se combinan con la meditación, que confirma el enfoque de que como seres humanos somos mucho más que la suma de nuestras partes.

Spa Basho: este lujoso Spa ofrece una piscina al aire libre rodeada de árboles y jardines tropicales. El espacioso *jacuzzi* de estilo único, las saunas, el gimnasio, las pistas de tenis...; todo queda realzado gracias a la increíble belleza del entorno.

Cocina: hay una gran variedad de áreas para comer donde se sirve deliciosa comida vegetariana occidental, asiática e hindú, la mayoría cultivada de forma orgánica especialmente para el Osho International Meditation Resort. Los panes y pasteles también se hornean en la panadería del centro.

Vida nocturna: por la noche hay una amplia variedad de eventos donde escoger, y bailar ¡es el número uno de la lista! Otras actividades incluyen meditaciones con luna llena bajo las estrellas, espectáculos de variedades, interpretaciones musicales y meditaciones para la vida diaria. O simplemente disfrutar conociendo gente en el Café Plaza, o caminar bajo la serenidad de la noche por los jardines de este escenario de cuento de hadas.

Instalaciones: puedes adquirir todo lo que necesites, incluidos artículos de aseo, en la Galería. La Galería Multimedia vende una amplia gama de productos multimedia Osho. El campus dispone de banco, agencia de viajes y Cibercafé. Para aquellos que disfrutan de las compras, Pune ofrece todas las opciones, que van desde los productos hindús étnicos y tradicionales hasta todas las tiendas de marca mundiales.

Alojamiento: puedes elegir hospedarte en las elegantes habitaciones de la Osho Guest House o, para permanencias más largas, puedes optar por uno de los paquetes del programa Living-in. Además, existe una abundante variedad de hoteles y apartamentos en los alrededores.

www.osho.com/meditationresort
www.osho.com/guesthouse
www.osho.com/livingin

Más información

www.OSHO.com

Un amplio sitio web en varias lenguas, que ofrece una revista, libros, audios y vídeos Osho y la Biblioteca Osho con el archivo completo de los textos originales de Osho en inglés e hindi, y una amplia información sobre las meditaciones Osho. También encontrarás el programa actualizado de la Multiversity Osho e información sobre el Osho International Meditation Resort.

Para contactar con **Osho International Foundation**, dirígete a:

www.osho.com/oshointernational. Visita además:
http://OSHO.com/resort
http://OSHO.com/magazine
http://OSHO.com/shop
http://www.youtube.com/OSHO
http://www.oshobytes.blogspot.com
http://www.Twitter.com/OSHOtimes

http://www.facebook.com/OSHOespanol
http://www.flickr.com/photos/oshointernational

Otras obras de Osho publicadas en la editorial Kairós:

El ABC de la iluminación
Libro de la vida y la muerte
Autobiografía de un místico espiritualmente incorrecto
Música ancestral en los pinos
La sabiduría de las arenas
Dang, dang, doko, dang
Ni agua, ni luna
El sendero del yoga
El sendero del zen
El sendero del tao
Dijo el Buda...
Guerra y paz interiores
La experiencia tántrica
La transformación tántrica
Nirvana, la última pesadilla
El libro del yoga I y II
El verdadero nombre
Meditación para gente ocupada

Accede a las OSHO Talks con tu Smartphone

En la página siguiente encontrarás un código QR que te enlazará con el Canal OSHO Español en YouTube, donde podrás acceder a una amplia selección de avances de charlas originales de Osho (OSHO Talks), videos sobre meditaciones, entrevistas y misceláneas relacionada con el mundo de OSHO, seleccionadas para proporcionarte una muestra de la obra y la visión de este místico contemporáneo. Todos estos videos han sido subtitulados al castellano y los puedes visualizar seleccionándolos en el visor.

Osho no escribía libros sino que hablaba en público, creando con ello una atmósfera de meditación y transformación que permitía que los asistentes vivieran la experiencia meditativa. Aunque las charlas de Osho son informativas y entretenidas, no radica en ello su propósito fundamental. Lo que Osho busca es brindar a sus oyentes una oportunidad de meditar, de experimentar el estado relajado de alerta que constituye la esencia de la meditación.

Esto es lo que Osho ha dicho acerca de sus charlas:

> «Mi motivo principal para hablar ha sido darle a la gente una muestra de la meditación; así que puedo seguir hablando eternamente, no importa lo que esté diciendo. Lo único que importa es proporcionarte algunas oportunidades de estar en silencio, cosa que, al principio, te resultará difícil.»

> «Estos discursos son los cimientos de tu meditación.»

> «Te estoy haciendo consciente de los silencios sin ningún esfuerzo por tu parte. Estoy usando mi forma de hablar, como una estrategia para que, por primera vez, conozcas el silencio.»

> «Yo no hablo para enseñarte algo; hablo para provocar algo en ti... Esto no es una conferencia; simplemente es una estrategia para que te quedes en silencio, porque hacerlo tú solo te resultará muy difícil.»

Si no dispones de un Smartphone, también puedes visitar este enlace: https://www.youtube.com/user/oshoespanol/videos

Si quieres seguir disfrutando de las OSHO Talks subtituladas en español en formato íntegro, en este momento cuentas con estas dos opciones: OSHO TV, parte del programa Premium en iOSHO (www.osho.com), y el programa de meditación OSHO Talks en la plataforma Televisión Consciente (www.television-consciente.com), ambas disponibles en todo el ámbito latino.

editorial **K**airós

Puede recibir información sobre
nuestros libros y colecciones inscribiéndose en:

**www.editorialkairos.com
www.editorialkairos.com/newsletter.html
www.letraskairos.com**

Numancia, 117-121 • 08029 Barcelona • España
tel. +34 934 949 490 • info@editorialkairos.com